Das Tagebuch von

Friedrich Ernst Aster

aus dem Jahre 1812

Beiträge zur sächsischen Militärgeschichte zwischen 1793 und 1813

Heft 22

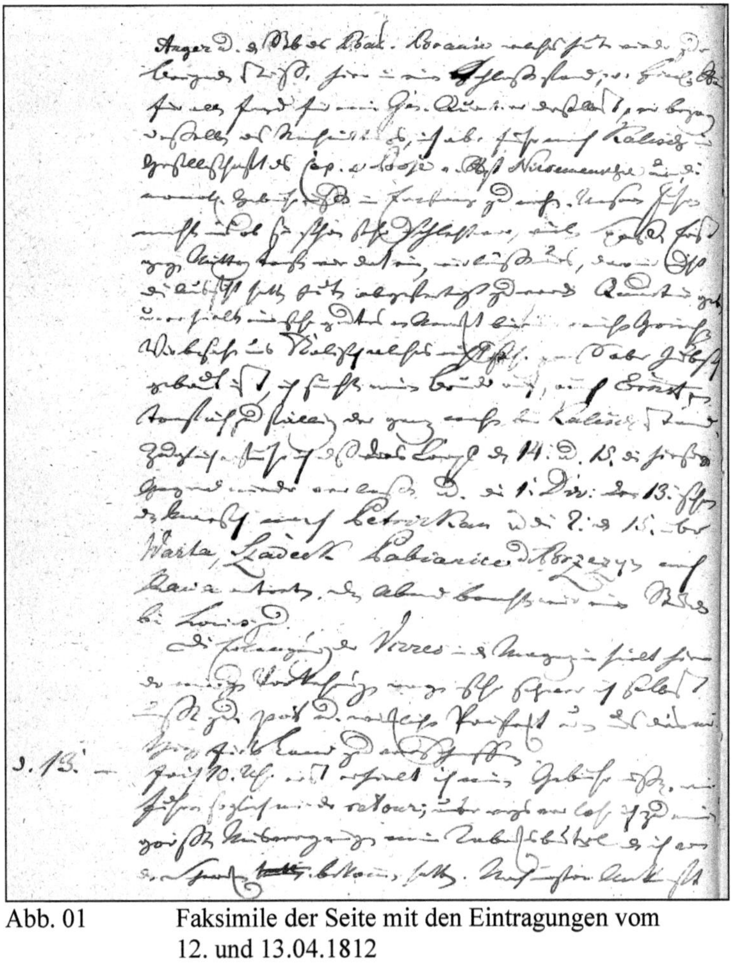

Abb. 01   Faksimile der Seite mit den Eintragungen vom 12. und 13.04.1812

Das Tagebuch von
Friedrich Ernst Aster

aus dem Jahre 1812

mit einem Vorwort von
Ernst-Ludwig von Aster

Bibliographische Information der Deutschen Biliothek

Die Deutsche Bibliothek verzeichnet diese Publikation in der Deutschen Nationalbibliographie; detaillierte bibliographische Daten sind im Internet über http://dnb.ddb.de abrufbar.

Die Deutsche Bibliothek – CIP – Einheitsaufnahme

Jörg Titze (Hrsg.)

Das Tagebuch von Friedrich Ernst Aster aus dem Jahre 1812

mit einem Vorwort von Ernst-Ludwig von Aster

Herstellung und Verlag: Books on Demand GmbH, Norderstedt, 2012

ISBN 978-3-8482-5170-4

Herstellung und Verlag:

Books on Demand GmbH, Norderstedt

Vorwort

Vor 200 Jahren zog die große Armee Napoleons unter Teilnahme eines sächsischen Kontingents in den Krieg gegen das Russland des Zaren. Bei diesen Einheiten standen mehrere Offiziere aus einer alten sächsischen Familie, den Asters.

Im Asterschen Familienarchiv liegen ausführliche Original-Tagebuchaufzeichnungen von Friedrich Ernst Aster (1786 – 1855) und Ernst Ferdinand Aster (1791 – 1875) für die Zeit des Russlandfeldzuges vor. Dank mühevoller Kleinarbeit des Herausgebers war es nun nach Veröffentlichung des Tagebuches von Ernst Ferdinand Aster unter Beitrag 21 dieser Schriftenreihe auch möglich, die Erinnerungen seines Bruders Friedrich Ernst Aster als Beitrag zu veröffentlichen.

Dieser wurde am 23. September 1786 in Dresden Neustadt geboren.

Nach der Erziehung im elterlichen Hause studierte er anfangs von 1800 bis 1804 Bauwissenschaften und trat dann, seiner persönlichen Neigung folgend, am 15.Januar 1805 als Regimentskadett in das zu jener Zeit vom Oberst v. Schönberg geführte „Infanterie-Regiment Prinz Maximilian" ein.

Als Fahnenjunker machte Aster die Campagne 1806 mit und focht in den Gefechten bei Saalburg, bei Schleiz und in der Schlacht bei Jena.

Infolge einer mit dem französischen Heerführer abgeschlossenen Übereinkunft trat seine Einheit nach dem zwischen Sachsen und Frankreich abgeschlossenen Frieden den Rückmarsch in die Heimat an.

Bei der im Jahre 1807 erfolgten Mobilmachung eines sächsischen Corps von 6000 Mann nahm Aster als Fähnrich und Ordonnanzoffizier an der Belagerung von Danzig teil. Als Sous-Leutnant übernahm er dort im Mai den Dienst als Bataillons-Adjutant.

Bei der Mobilmachung der sächsischen Armee im Frühjahre 1809 wurde Aster als Brigade-Adjutant bei der Brigade des General-Major v. Boxberg angestellt und nahm an dem Gefecht bei Linz teil. Als in der Schlacht bei Wagram dem Brigadier das Pferd unter dem Leibe erschossen wurde, stellte Aster ihm sofort das seine zur Verfügung und trat erstmal zur Fußtruppe.

Leutnant Aster erhielt 1810 den Militair-St.-Heinrichs-Orden für die in seiner Stellung mit besonderer Treue und Auszeichnung geleisteten Dienste.

Infolge der im Frühjahr 1810 erfolgten Neuorganisation der Armee wurde Aster als Brigade-Adjutant bei der Brigade des General-Major v.Klengel (Max und Rechten) angestellt.

Diese Brigade stieß bei der Mobilmachung der Armee im Jahre 1812 unter dem Divisions-General v.Gutschmidt und dem General v.Zezschwitz zu dem Corps des General Reynier. Sie erhielt den Befehl, bis zum Nachrücken der Hauptmacht des Corps, die Strecke von Kobryn bis Brczesz zu besetzen. Die Ereignisse während dieses Vormarsches und im Laufe des Gefechtes um Kobryn sowie die Zeit der darauf folgenden Gefangenschaft[1] sind Gegenstand des Tagebuches, in dem auch Treffen mit den beiden Brüdern Ernst Ludwig („Louis") und Ernst Ferdinand („Ernst") erwähnt werden.

Nach achtzehnmonatiger Gefangenschaft kehrte der Rest der Brigade Klengel, und mit ihm Brigadeadjutant Aster, der mittlerweile am 21. Juli 1813 in Abwesenheit zum Premier-Leutnant ernannt worden war, nach Sachsen zurück.

Aster traf am 13. Dezember 1813 wieder in Dresden ein, wurde sofort beim Generalmajor Lecoq als Brigade-Adjutant angestellt und musste schon den 6. Januar 1814 zur Armee nach Frankreich abreisen. Er nahm in diesem Feldzug an den Gefechten von Condé und Maubeuge teil.

---

[1] Die Zeit der Gefangenschaft ist nicht Gegenstand dieser Ausgabe.

Während des Feldzuges 1815 im Elsaß stand Premier-Leutnant Aster im Generalstabe Lecoq's beim mobilen Corps und wurde später am 3. Januar 1820 zum Capitain befördert.

Im Jahre 1829 bereiste er privat Thüringen und das Rheinland. Bei dieser Gelegenheit besuchte er seinen Bruder Ernst Ludwig in Koblenz, der dort inzwischen den preußischen Festungsbau leitete.

Aster wurde am 6. Februar 1830 mit Versetzung zur geheimen Kriegs-Kanzlei zum Major ernannt und erhielt, als im Jahre 1831 diese aufgelöst und dafür ein königlicher Generalstab gebildet wurde, seine Ernennung zum Chef der Kommando-Abteilung bei dieser Behörde. Bei Bildung des Kriegs-Ministeriums im Jahre 1832 wurde Aster Chef der I.(Kommando) Abteilung und wurde am 28. Mai 1839 zum Oberstleutnant und am 7. Februar 1842 zum Obersten befördert.

Als im Jahre 1848 das Amt des Kriegs-Ministers zur Disposition stand, versah Oberst Aster diese Funktion unter der Verantwortlichkeit des damaligen Ministers Dr. Braun, bis er am 9. Juni, durch Sr. Majestät den König Friedrich August veranlasst, bis zur Ernennung eines neuen Kriegsministers auch die Vertretung selbst bis zum 4. August übernahm.

Im März 1849 reichte er sein Abschiedsgesuch ein, das ihm mit Erteilung des Generalmajor-Charakters bewilligt wurde.

In den Folgejahren widmete sich Aster verschiedenen gemeinnützigen Einrichtungen und wurde für diese Tätigkeiten am 4. November 1868 noch mit dem Comthurkreuz des Verdienstordens ausgezeichnet.

Friedrich Ernst Aster starb im hohen Alter von 83 Jahren am 15. Oktober 1869 in Dresden und wurde auf der Asterschen Grabanlage auf dem „Inneren Neustädter Friedhof" neben seiner schon 1847 verstorbenen Frau beigesetzt. Diese Anlage ist auch in diesem Jahr 2012 noch erhalten.

Im Jahre 1894 wurde in Leipzig in Anerkennung seiner und eines weiteren Bruders, des Militärschriftstellers Carl Heinrich Aster (1782 – 1855) Verdienste eine Straße „Aster-Straße" benannt, die später in die heutige „Balzac-Straße" umbenannt wurde.

Ich freue mich sehr, dass nach den Erinnerungen von Ernst Ferdinand Aster (1791 – 1875) in Beitrag No. 21 dieser Schriftenreihe nun auch diese Aufzeichnungen eines weiteren Bruders meines UrUrGrossvaters Ernst Ludwig v. Aster (1778 – 1855) einer interessierten Leserschaft zugänglich gemacht werden können.

Mein besonderer Dank gilt auch hier wieder Herrn Jörg Titze für diese umfangreiche und aufwändige Bearbeitung der oft nicht leicht zu transkribierenden Texte.

Oyten, im November 2012

Ernst-Ludwig v.Aster

Vorbemerkungen des Herausgebers

Mit diesem Buch wird das 2.Tagebuch aus dem v.Asterschen Familienarchiv – wiederum zum Feldzug von 1812 – der interessierten Öffentlichkeit zur Verfügung gestellt.

Dieses Tagebuch von Friedrich Ernst Aster enthält unstreitig mehr militärische Information zu den sächsischen Truppen im Feldzug von 1812 als das von Ernst Ferdinand Aster. Dies darf aber nicht verwundern, befand sich Friedrich Ernst Aster doch in einer ganz anderen Dienststellung als sein Bruder. Er war Brigade-Adjutant beim Generalmajor v.Klengel. Letzterer hatte bei der Reorganisation der sächsischen Armee im Jahre 1810 das Kommando über die 1. Brigade der Infanterie-Division des Generalleutnants von LeCoq – bestehend aus dem Grenadier-Bataillon v.Stutterheim sowie den Regimentern Prinz Maximilian und vac. Rechten – erhalten. An Stelle des Generalmajors v.Dyherrn erhielt v.Klengel am 09.02.1812 das Kommando über die 1.Brigade der Infanterie-Division des Generalleutnants v.Zeschau, bestehend aus dem Grenadier-Bataillon v.Brause und den beiden Regimentern König und vac. v.Niesemeuschel. Seine eigene Brigade verblieb zwar (vorerst) im Lande, jedoch nahm v.Klengel seine beiden Brigade-Adjutanten[2] mit in das neue Kommando.

Im Stabsdienst erhielt Friedrich Ernst einerseits mehr Aufgaben als sein Bruder, andererseits auch tiefere Einblicke in die Befehle und Anordnungen der Kommandostellen und konnte deshalb einfach mehr berichten. Das er nun mit einer „fremden" Brigade am 27.07.1812 in russische Gefangenschaft gerät, ist Schicksal[3].

---

[2] Der zweite Adjutant war Sousleutnant Friedrich Leopold v.Heintz (Patent vom 18.10.1807) vom Regiment vac. Rechten. Das Patent Aster's datiert von 08.04.1808.

[3] Dem er allerdings mit „seinem" Regiment Prinz Maximilian auch nicht entkommen wäre, wird dieses doch am 02.04.1813 bei Lübeck gefangen genommen.

Friedrich Ernst Aster hat – da er von seiner Dienststellung her viel schreiben mußte – sehr flüchtig geschriebenen. An Tagen, an denen es scheinbar schnell gehen mußte mit den Tagebuchaufzeichnungen, dass Lokal nicht entsprechend war oder aber einfach nur Erschöpfung und Wetter den Tag verleideten, sind die Aufzeichnungen nur sehr schwer zu entziffern. Eine Reihe von Wörtern ist nur aus dem Sinnzusammenhang und den zu entziffernden Buchstaben heraus zu erahnen.

Endungen stellen sich fast generell als auslaufender Strich dar. Eine Unterscheidung der Buchstaben „n" und „m" ist dadurch bei den Endungen meist unmöglich, weshalb ich meist „den" – auch oft an Stelle des grammatikalisch richtigen und evtl. auch gemeinten „dem" – verwandt habe.

Kommata wird sehr spärlich angewandt und ist teilweise nur als Bestandteil der Endung zu erahnen.

Ich scheue mich daher, von einer „originalgetreuen" Wiedergabe zu sprechen, da ich dies nicht mit 100%iger Sicherheit behaupten kann.

Dem Inhalt wird jedoch dadurch kein Abbruch getan und ich wünsche dem geneigten Leser eine interessante Lektüre.

Ihr

Jörg Titze

Das Tagebuch

vom 09.02. – 27.07.1812

Abb. 02 Porträt von Friedrich Ernst Aster als Generalmajor

Nachdem die Brigade nach der bei Mühlberg gehaltenen Revue sämtlich wieder theils in die vorigen theils in veränderte Cantonnirungs Quartiere gerückt und bis zum Februar 1812 größtentheils unverändert darin gestanden hatte erhielt die Armee plötzlich

den 9. Febr. 1812 die Ordre eine anderweite Cantonnirung in und bei Guben zu beziehen. Es wurde ein Corps von 20.000 Mann an diesen Tag den Befehl des GenLt. v.Le Coq untergeordnet und folgendermaßen in Brigaden und Divisionen eingetheilt:

1.Div. GenLt. v.Le Coq
1.Brigade Steindel   Rgt. Clemens u. Friedrich,
                      Bat. Liebenau
2.Brigade Nostitz   Rgt. Anton u. 2.leichtes Rgt.
1.Div. Artillerie   1 6pfd. reutende
                      1 6pfd. Fuß   Batterie
                      9 4pfd. Rgt.s-Kanonen
1 Div. Cavallerie Funk Pr.Clemens, Polenz, Husaren

überdieß 1 Comp. Sappeurs u. Pontonniers mit 1 Colonnen-Brücke

2.Div. GenLt. v.Gutschmidt
1.Brigade Klengel   Rgt. König u. Niesemeuschel,
                      Bat. Brause
2.Brigade Sahr   Gren. v.Spiegel u. Anger,
                      1.leichtes Rgt.
2.Div. Artillerie   wie oben
1 Div. Cavallerie Thielmann Garde du Corps, Cuiraß.
                      v.Zastrow, Pr. Albrecht

Mein Gen. welcher auf Veranlaßung des GenLt. v.Lecoq schon den 24. Jan. sich von Meißen nach Dresden verlegt hatte, erfuhr am 9. Febr. seine Bestimmung und erhielt die Orde den 11. mit dem Rgt. Niesemeuschel von Dresden abzumarschiren.

Ich ward den 9 Febr. plötzlich mit einer Ordre an den Major v.Egidy, welcher zeither am Bober in Cantonnirung gestanden und vor der Hand mit den 1.leichten Inf. Rgt. in die Gegend Christianstadt verlegt wurde geschickt indem er nämlich eine ihm zugefertigte Ordre über neue Nachtquartiere unrecht verstanden hatte. Ich reißte daher des Nachmittags 5 Uhr mit Extrapost schleunigst von dort ab über Schmiedefeld und Bautzen. Auf letzterer Station traf ich soviel Schnee daß ich obschon ich ab 9 Uhr von Schmiedefeld mit Schlitten abfuhr demohngeachtet früh ½ 4 Uhr erst in Bautzen an kam /:Rothkretzschman und Nieske /: eine Art Herrnhuther daselbst:/ ich nach Rothenburg. Hier kam ich Nachmittags 1 Uhr glücklich an, traf noch die Quartiermacher des 1.Rgt.s und hatte so, glücklich den Zweck meiner Sendung erreicht. Nachmittags 4 Uhr rückte das Rgt. ein und nachdem ich mich meines Auftrags entledigt, einiges zu mir genommen und in etwas von der nächtlichen kalten Reise erholt hatte setzte ich um 6 Uhr meine Reise des erhaltenen Befehls gemäß meinen Gen. in Guben zu erwarten weiter fort. Vor meiner Abreise besuchte mich Lt. Nostitz auch machte ich die Bekanntschaft des Landesältesten v.Gersdorf der als ich mein Quartier verließ solches einnahm. Meine Fuhre die aus einem Korbschlitten u. 1 Pferd bestand ließ mich anfangs kein schnelles Fortkommen erwarten. Ich legte mich also um mich einigermaßen vor den schneidenden kalten Wind zu verbergen in den Schlitten. Morpheus schloß mich sanft in seine Arme und ich kam ohne fast zu wißen wie in Muskau 4 Meilen von Rothenburg an. Die Uhr bewieß mir die Schnelligkeit meines Fuhrmannes denn es war erst gegen 11 Uhr als ich schon der dasigen Regierung die unvermutheten Gäste für den kommenden Tag anmelden konnte. Von hier aus bis Pförten war mein Fortkommen wenn auch nicht langsamer, doch aber unangenehm da ich eine offene Postchaiß hatte, auf der ein Sitz ganz über den Kopf des Postillons erhaben war, ich konnte mich daher minder als mein Schwager vor Wind und Wetter bergen fror derb und dankte Gott, als ich früh 4 Uhr in Pförten diesen erhabenen Ruhesitz verlaßen konnte. In Pförten hatte ich es der minder schnellen Postbedienung zu verdanken nach der verfloßnen schlaflosen

Nacht einige Erholung zu finden nachdem ich etwas mitgenommene kalte Brühe zu mir genommen hatte schlief ich auf der Ofenbank hart und fest ein. Der Postmeister mochte nicht wenig froh sein mich schlafend zu sehen, da er dadurch der Fortsetzung aller Vorwürfe entging die ich ihm anfänglich über langsame Beförderung der Paßagire machte. Mit Frohlocken weckte er mich sanft u. meinte es wäre schon lange angespannt. Mein Vorsatz war, da ich hier eine zugemachte Chaiß bekam, die Fortsetzung des Schalfes darinnen anknüpfen zu können, allein es blieb beim frommen Wunsch die Chaiß hatte so einen vorgestellten Sitz, daß bei dem Scharffahren des Postillons ich nur immer zu thun hatte mich anzuhalten um nicht auf den Boden des Wagens herab geworfen zu werden. Mit dem heranbrechenden Tag erblickte ich Guben u. noch nicht 7 Uhr war ich darin. Hier suchte ich vorerst einige meiner Rgt.s Cameraden auf und bekümmerte mich dann um eine Logis, daßelbe erhielt ich ganz zu meiner Zufriedenheit bei einem Kaufmann Zeithler auf der Kurzen Gaße. Mein Wirth nahm mich sehr gut auf, schenkte mir durch ein sehr gutes Mittagsmahl und dann einige Stunden Mittagsruhe einige Erholung, allein zu welcher Absicht stöhrte er mich aus meiner Ruhe? – um mit ihm auf die hiesige Redoute zu Guben zu gehen. Ich sah wohl, das es dem guten Mann ernstlich doch zu thun sei, mir die Vergnügungen des hiesigen Ortes kennen zu lernen, obschon ich lieber vorgezogen hätte allein und auf meinem Bette bleiben zu können, ich fragte ihn daher, kann aber eben nur nicht sagen, daß ich mich deshalb dovertirt hätte. Wie konnte ich aber auch hier den Erfolg einiger Zustimmung erwarten, da hier aufs neue meine Ideen sich an die ketteten die mich während meiner Reise unaufhörlich beschäftiget hatten. Sehr froh war ich, als ich mich Abends 11 Uhr wieder aus dieser Gesellschaft zurück u. in meine Einsamkeit ziehen konnte. Tags darauf als

den 12. Febr. war auf den Societät Saal großes Dinnée, ich wohnte demselben bei und wurde von meinem zukünftigen Wirth der Louis heißt, ein v.Carlsburg, den ich gestern hatte kennen gelernt dazu invidirt. Der gute Mann hatte geglaubt mir ohnstreitig das größte Vergnügen zu verschaffen wo er mich a coté des schönsten Mädchens in Guben /:Frl. v. Kutzechenbach:/ placirte, hätte er gewußt, wie es mit mir stand so hätte er dieses Vergnügen gewiß einem andern zukommen laßen. Nachmittags und Abends wurde getanzt, wovon ich mich sogar ganz ausgeschloßen hätte, allein Ehrhalber ging es nicht, da ich jedoch nur sehr wenig tanzte, so mußte ich von mehreren, sogar von einigen Offiz.damen Verweiße darüber hören, nicht mehr getanzt zu haben. Wie gern empfing ich diese Verweiße – Während wir noch in der Gesellschaft waren, trafen mehrere Quartier machende Offiz. vom Generalstaab sowohl, als von den Rgt.ern ein.

Den 13. Febr. traf mein Bruder Louis früh in Guben ein, später Gen. v.Gutschmidt, Ob. v.Langenau und das übrige Personal des Generalstabs.

Den 14. Febr. rückte früh das Gr. Bat. v.Spiegel aus in die Cantonnirungs Quartiere bei Kloster Neuzelle, Staab nach Bomsdorf. Anfänglich schmeichelte sich dieses Bat. im Hauptquartier zu bleiben, doch mußte es da der command. GenLt. nur allein abändern konnte dieser aber noch nicht da war, den Staab u. 6 Comp. des Rgt.s König Plaz machen welche Nachmittags 4 Uhr einrückten. Um diese Zeit traf auch der commandirende GenLt. ein bei dem ich mich meldete. Meine Postgeldberechnung legte ich erst Tags darauf an den Ob. v.Langenau ab. Ich sandte heute noch einen Bothen nach Gary, woselbst mein General, der den 15.d. mit dem Rgt. Niesemeuschel aufgebrochen war, um dieses zu benachrichtigen wohin es in Cantonnirung zu stehen kam. Abends war ich bei meinem Bruder.

Den 15. Febr. rückte alles was noch auf dem Marsch war in Cantonnirung bei Guben. Das Hauptquartier war, wie schon erwähnt in Guben. Die Quartiere der übrigen Generals waren

| Gen. v.Steindel | Oegeln |
| Gen. v.Klengel | Schöneich |

Gen. v. Nostitz	Peitzsch
Gen. v.Sahr	Neuzelle
Gen. v.Funk	Lieberose
Gen. Thielmann	Cottbus
Die 1.Div. Artillerie stand in	Guben
Die 2.	Pförten

Die Brigade hatte die Dörfer

Gr. Bat. Brause <u>Bomsdorf</u>, Göhlen, Ottendorf, Heinzendorf, Bahro, Streichwitz, Schwarzko, Tröppeln, Cummero, Kobbeln

Rgt. König <u>Guben</u>, Gr. Bresen, Germersdorf, Mückenburg, Gr. Böstitz, Saute, Sempter, Grosdrebitz, Steinsdorf, Grahno, Kreine, Lantzsch, Breilagk, Bresinchen, Koschen

Rgt. Niesemeuschel <u>Theulwitz</u>, Bärenklau, Atterwasch, Kahlenborn, Wilschwitz, Reichenbach, Sprucke, Schenkdobern, Libinchen, Griesen, Grabkow, Bärenklau, Taubendorf, Kerkwitz u. Horne

In dem Tagesbefehl wurden den Rgt.ern Brigadeweise Rendezvous bestimmt, das der

Brigade Steindel war bei	Oegeln
Klengel	Guben
Nostitz	Kohla
Sahr	Bomsdorf
1.Div. Artillerie	Kuppern
2.	Jetzschko
reitende	zwischen Niemitzsch u. Schenckendorf
Sappeurs	bei Guben
Div. Funk	Schenkendobra
Div. Thielmann 4 Esc. Albrecht	den 1.Tag bei
2 Esc. Zastrow	Lieberose
2 Esc. Zastrow	den 1.Tag
4 " Garde du Corps	bei Pförthen

den 2. wahrscheinlich bei Guben

Den 16. Febr. ward durch das ganze Corps Rast. Er sollte dazu verwendet werden, alles während des Marsches schadhaft gewordene wieder herzustellen und ward befohlen, daß die Cantonnements des Marsches durch Piquets gesichert werden müßten. Mittags war Plt. v.Neitschütz und Slt. v.Craushaar bei uns, die in dem Dorfe Pösitz, welches unsern Wirth gehörte lagen.

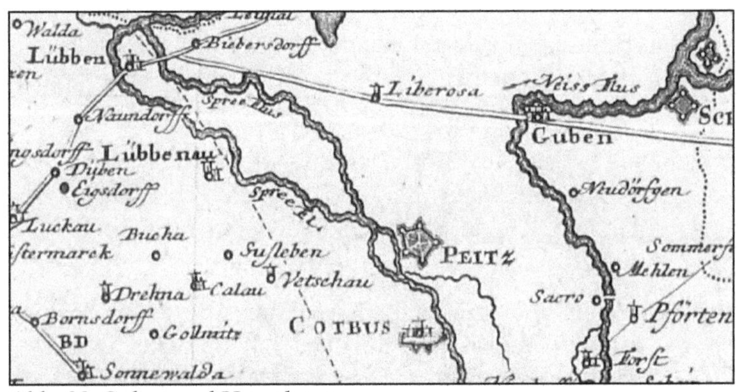

Abb. 03 Guben und Umgebung

Den 17. Febr. war ich früh mit meinem Gen. in Guben der sich daselbst meldete.

Den 18. Febr. erfolgte eine bedeutende Delogirung im Corps. Das Gren. Bat. Liebenau ward nach Sorau, das Gren. Bat. Brause aus seinen zeitherigen Quartieren in die Quartiere gelegt, welche zeither Spiegel inne hatte, sie waren Bomsdorf, Cobbeln, Gummero, Treppeln, Henzendorf, Bahro, Ostendorf, Schwarzkow und Streigwitz Göhlen, das Gren. Bat. Spiegel rückte nach Guben. Vom Rgt. König blieb der Staab und 2 Comp. in Guben die anderen beiden Comp. des 1.Bat. kamen nach Paude, Mückenberg, Börtgen und Germsdorf, das 2.Bat. König kam in die zeitherigen Quartiere des Gren. Bat. v.Brause zu liegen. Das 1.Bat. Anton erweiterte sein Cantonnement durch einige von dem Bat. Liebenau verlaßene Dörfer Witzen und Meyersdorf. Das 1.Bat. Friedrich erhielt annoch das Städtchen Gassen und mehrere zunächst gelegene

Dörfer. Das Rgt.Clemens erhielt annoch Pförten. Da die 1.Comp. von König heute keine Veränderung in der Delogirung erlitt, so ließ der Gen. selbiges die Revue paßiren ohnweit Germsdorf.

Der heutige Tagesbefehl enthielt die Weisung fernerhin mit allen erhaltenen Ordres pp. geheimnisvoller zu Werke zu gehen und sie nicht zur Kenntniß von Leuten andrer Stände zu bringen. Es war dieses wohl ein sehr zweckmäßiger und nöthiger Befehl da mancher in der Armee vielleicht hierinn besonders in Friedenszeiten sehr sorglos zu Werke ging und dann zu Kriegszeiten nicht an die nachtheiligen Folgen dachte, da dadurch sehr leicht hieraus entstehen konnten.

Die Spitäler fürs Corps waren nun in Cottbus und Luckau, Forsta und Amtitz etablirt. Beide Husaren Bat. und beide leichte Inf. Rgt.er und das Gren. Bat. Liebenau hielten die äußersten Punkte der Cantonnirung durch Vorposten besetzt und waren angewiesen nur dann Meldung zu erstatten, wenn etwas vorfiel.

Uiber die Bestimmung unseres Corps war hier fölliges Dunkel verbreitet und die Meinung ob Preußen für oder wider uns sei war sehr getheilt, bald sprach man von einer Zusammen-ziehung der Preußen hinter der Oder, bald von einem Congreß der im Maerz in Berlin, Erfurth oder Weimar statt finden sollte, bald kam die Nachricht Preußen habe sich für Frankreich erklärt, beurlaubte alle seine Truppen bis auf 10.000 Mann, welche sich an uns anschließen sollten und überließ alle seine Festungen Frankreich zur Besatzung, doch dieß waren alles Volksagen, den eben noch kein Glauben beigemeßen werden konnte. Das starke Bedürfniß zur Verpflegung ließ erwarten, daß unser Aufenthalt in der hiesigen Gegend in dem jetzigen Maße wohl nicht lange stattfinden könne, denn es wurden täglich … Scheffel Korn … Scheffel Hafer … Centner Heu … Schock Stroh verbraucht, alle Bedürfniße auch sehr im Preiß besonders erhöhte, der Scheffel Hafer z.B. stieg schon auf 2 Rthlr. 16 Gr., daß Schock

Stroh bis auf 20 Rthlr. da es vor Kurzen noch 8 Rthlr. gekostet hatte. Letzteres fing bereits schon an so zu mangeln, daß die Ration bis auf ¼ Schütte täglich herabgesetzt wurde. Der größte Theil des Mehls und Hafers wurde auf der Spree aus den Magazinen Torgau, Wittenberg und Spremberg herbei geschafft.

Den 19. Febr. revidirte mein Gen. das 1.Bat. v.Niesemeuschel Comp. weise.

Den 20. Febr. das 2.Bat dieses Rgt.s bei Krabko. Ich begleitete ihn dahin und obschon wir früh 7 Uhr uns auf den Weg machten und ziemlich scharf ritten so kamen wir, der bedeutenden Entfernung und der schlechten Wege halber, doch erst gegen 10 Uhr auf das Rendezvous des Bat. Es wurden die Comp. des Bat. ganz mit der Zufriedenheit meines Gen. entlaßen. Den Rückweg nahmen wir über Guben wo wir nicht nur beßeren sondern auch einen kürzeren Weg fanden.

Den 21. Febr. revidirte der Gen. das 2.Bat. König ohnweit Bresinchen. Des Nachmittags kam G.Lt. v.Le Coq mit seinem Generalstaab nach Schöneich um unseren Wirth Visite zu machen. Abends besuchte ich meinen Bruder Louis in Guben. In den heutigen Tagesbefehl ward dem Corps alle Nachfaßung auf verfloßene Tage untersagt.

Den 22. Febr. die 2., 3. und 4.Comp. v. König bei Germesdorf revidirt.

Den 23. Febr. wurde in den Tagesbefehl bekannt gemacht, daß die aggr. Majors die Ration gleich den wirklichen bewilliget werden.

Den 24. Febr. execirte das 1.Bat. Niesemeuschel bei Theulez vor dem Brigadier.

Den 25. Febr. paßirte das Gren. Bat. v.Brause und das 2.Bat. König ohnweit Gross Brehsen die Revue vor dem commandirenden GenLt.

Den 26. Febr. exercirte das 2.Bat. König ohnweit Bresinchen für den Brigadier.In dem heutigen Tagesbefehl war das Etablischement einer Feldpost bekannt gemacht eine für die Armee sehr zweckmäßige Sache, deren Vortheil wir freilich, solange wir im Vaterland stehen noch nicht merklich verspühren.

Den 27. Febr. erhielten wir des Abends eine Ordre welche eine große Delogirung im ganzen Corps an ordnete. Der Zweck derselben sollte der sein, die so weitläufigen Cantonnements der Armee provisorisch dadurch zu decken daß die verschiedenen Waffenarten Front nach allen 4 Seiten machend einander unterstützen könnten, damit einzelne Theile nicht weniger als das Ganze etwas Nachtheiligen unvermuthet begegnen können. Die Delogirung ging Tags darauf

den 28. Febr. folgendermaßen vor:

Brigade Steindel	Brigadequartier Pförten Rgt. Friedrich blieb stehen Gassen pp. Rgt. Clemens Stab, 1 Comp. Guben, die übrigen umliegende Gegend Gren. Bat. Liebenau blieb stehen
2.)Brigade Nostitz	blieb stehen Brig.Quartier Altwasser
3.)Division Funk	Brigadequartier Lieberose Rgt. Pr. Clemens blieb stehen Rgt. Polenz Fünfeichen, Brenesdorf p. Rgt. Husaren blieb stehen
4.)Brigade Sahr	Brigadequartier Neuzell Gren. Bat. Anger Guben Gren. Bat. Spiegel Stargard und umliegende Gegend 2. leicht. Rgt. bleibt stehen
5.)Brigade Klengel	Brigadequartier bleibt in Schöneich Rgt. König <u>Oegeln</u>, Pförten, Bickenberge, Pohse, Cummeltiz, <u>Briesnick,</u> Jahnsdorf, Berge, Sacro Mehle, Boh-

rau, Nauendorf, Leuthen, Hohen Jehsen

Rgt. Niesemeuschel gab ab Atterwasch, Schenkendobra, Bibinchen u. erhielt dafür Jenzschwalde, Tauer, Breilagk, Schlagsdorf, Kl. Gastrose, Bärenburg, Diebsdorf

Gr. Bat. v.Brause marschirte diesen Tag bis Lieberose u. rückte den 29. nach Lübben ab, war daselbst als Besatzung bestimmt u. an die Befehle des GenLt. Thielmann verwiesen.

6.)Division Thielmann Quartier des Gen. blieb in Cottbus

Rgt. Zastrow Cuiraß. u. Garde du Corps blieb stehen

Rgt. Albrecht Lübben und umliegende Gegend

Artillerie Stab u. 1.Bttr. zu Roß Guben

1.Bttr. d. 1.Brig. zu Fuß blieb stehen

2.Bttr. d. 1.Brig. z. Fuß Peitz, Sornow Drehno, Drackhausen

3.Bttr. d. 1.Brig. z. Fuß blieb stehen

Brigadequartier blieb

2.reitende der 2.Brig. bleibt stehen

1.Bttr. d. 2.Brig. z. Fuß n. Schenkendobra, Bibinchen, Atterwasch

2.Bttr. d. 2.Brig. z. Fuß bleibt

3.Bttr. d. 2.Brig. z. Fuß bleibt

Uiber die Sammelplätze ward folgendes bestimmt:

<u>Rechter Flügel</u>
<u>Gen.v. Nostitz</u> Sammelplatz bei Niewerle
1.leicht. Rgt.
Rgt. Anton Front nach Sorau
3.Bttr, d. 2.Brig.
Gr. Bat. Liebenau bliebt in Sorau u. repliirt sich auf Niewerle

<u>Gen. v. Steindel</u>
| | |
Rgt. Garde du Corps   bei Pförthen
Rgt. Friedrich
2.Bttr. d. 2.Brig.   Front nach Sorau

<u>Mitte</u>
<u>Obr. v. Engel</u>
1.Bat. Husaren   an der Rathsschäferei vor Guben
1.reitende Bttr.
Gr. Bat. Anger   Front nach Crossen
1.Bat. Clemens

<u>Gen. v. Klengel</u>
Rgt. König   ohnweit Schenkendorf an der Straße
Gr. Bat. Spiegel   von Forsta nach Guben wo sich die
1.Bttr. d. 1.Brig. Brause   nach Pförthen trennt
3.Bttr. d. 1.Brig. Gau
2.reitende Bttr. Hiller
Comp. Sappeurs

<u>Gen. Thielmann</u>
Rgt. Zastrow   bei Cottbus
Rgt. Albrecht   bei Biebersdorf
Gr. Bat. Brause   Lübben, bis auf weitere Ordre

<u>Linker Flügel</u>
<u>Gen. v. Sahr</u>
2.Bat. Pr. Clemens   bei Bomsdorf
1.Bat. 2.leichte Rgt.
1.Bttr. d. 2.Brig.   Front nach Fürstenberg
Rgt. Polenz
2.Bat. 2.leichtes Rgt.   b. Fürstenberg, repli auf
    Bomsdorf

<u>Gen. v. Funk</u>
Rgt. Pr. Clemens Chevleg.   Bei Lieberose
Rgt. Niesemeuschel
2.Bttr. d. 1.Brig.   Front nach Friedland
2.Bat Husaren   bei Friedland, repli nach
    Lieberose

Den 29. Febr. wurde sämmtlichen aufs Rendezvous bestimmten Rgt.ern der Sammelplatz angewiesen. GLt. Gutschmidt ritt selbst mit hinaus. Des Mittags bei Gen. v.Gutschmidt. In dem heutigen Tagesbefehl ward der Wegfall des Quartiergeldes bis auf weiteren Befehl bekannt gemacht. Auch wurde heute mittelst Ordre den Truppen besondere Wachsamkeit in den Cantonnements anempfohlen.

Den 1. März war der Gen. Nostitz bei uns in Schöneich, ich des Morgens in der Gubner Kirche des Abends bei Louis in der Societät.

Den 2. März nichts vorgefallen

Den 3. März trafen die Ersatz Rekruten aus den Depots ein von König 87 und von Niesemeuschel 48. Früh in Guben die monatl. Gebührniße abgeholt.

Den 4. März nach Dresden geschrieben; kam die Nachricht die Pferde von Berthier wären in Dresden angekommen und der Kayser wird in Kürze zu Dresden erwartet.

Den 5. März erhielten wir Abends 9 Uhr die Ordre zu einer abermaligen Delogirung der Brigade, dieselbe mußte sogleich expedirt werden, weils Tags darauf Nachmittags bereits alles in die neunen Cantonnements eingerückt sein sollte. Uns war es äußerst unangenehm unter der Zahl der zu delogirenden oben an zu stehen, da wir nicht nur in Schöneich ein äußerst angenehmes Quartier hatten, sondern auch unser Gastgeber uns auch äußerst ungern verlohr. Unsere Stelle ersetzte Tags darauf

den 6. März bei unseren Abgang der Gen. v.Steindel wir kamen dagegen nach Oegeln 3 Stunden entfernt von Guben zum Hrn. v.Lindenau zu liegen. Wir fanden auch hier eine sehr gute Aufnahme und einen scharmanten jungen Mann in Person unseres Withs. Er lebte als Herzog und seine alte kranke Mutter bei ihm. Da wir Nachmittags erst ¼ 4 Uhr Schöneich verließen so trafen wir um ¼ 6 Uhr in Oegeln ein. Von der Delogirung als Ganzes ward uns für dießmal gar nichts weiter bekannt, als daß alles sich mehr concentrirte. Bei der Brigade gingen folgende Veränderungen vor:

Rgt. König   Stab nach Pförthen
- 1.Comp. Birkenberge und Strega
- 2.Comp. Pohsen, Reichersdorf
- 3.Comp. Kummeltz, Neudörfel und Oegeln
- 4.Comp. Hohenjessen, Pförthgen und Leipe
- 5.Comp. Stargardt, Göttern
- 6.Comp. Potzle
- 7.Comp. Welda und Wellersfelde
- 8.Comp. Starzelle

Niesemeuschel Stab blieb in Theulwitz, auch Stab 1. Bat.
- 1.Comp. Bärenklau
- 2.Comp. Kaltenborn, Spencke, Schlagsdorf
- 3.Comp. Karkewitz, Schlagsdorf, Gastrose
- 4.Comp. Grebke und Bärenklau
- 5.Comp. Wüsttrebnitz
- 6.Comp. Taubendorf und Griesen
- 7.Comp. Griesen, Horno und Wüsttrebnitz
- 8.Comp. Horno

Die Garnison in Guben veränderte sich aber mehr. Statt des Gren.Bat. Anger kam das 1.Bat. des 2.leichten Rgt.s hierher, vom Rgt. Clemens Inf. rückte noch 1 Comp. mehr hierher.

Durch heutigen Tagesbefehl ward bekannt gemacht daß Se. Majestät der König jeden Unteroffz. und Gemeinen einen Tag um den andern ½ Pfd. Fleisch bewilligt habe ab 5.d.M.

Die Batterien wurden ab heute folgendermaßen benannt: die 1. und 2. reutende, die 1. und 2. Rgt.s und die 1., 2., 3. und 4. Fußbatterie. Die 1.reutende, die 1. Rgt.s und die 1. und 2. Fußbatterie gehören zu der Div. Le Coq die übrigen zu der v.Gutschmidt. Der Sammelplatz für die Colonne meines Gen. blieb derselbe ohnweit Schenkendorf jedoch war nun statt des Gren.Bat. v.Spiegel das Rgt. v.Niesemeuschel dahin bestimmt, ferner nebst der 2.reit. Battr. annoch die 1. und 2. Rgt.sbattr.

erstere unter Commando des Capt. Gau letztere unter dem Capt. Rouvroy   (*zu eskortieren*)

Den 8. März fuhren wir des Nachmittags in Gesellschaft unseres Wirths nach Pforte um der Gräfin Brühl daselbst unsere Aufwartung zu machen.

Den 9., 10. und 11. März fiel nichts veränderliches vor. Den 11. ward dem Corps im Tagesbefehl bekannt gemacht, daß S.M. der Kayser von Frankreich den Divisions General Graf Reynier nach Dresden gesendet habe um das Obercommando des Sächs. Truppencorps zu übernehmen.

Den 13. März erfolgte bei einigen Bat. eine Erweiterung der Kantonnements, auch rückten die zeither detaschirt gewesenen Gren. Bat. v.Liebenau und Brause wieder zum Corps, letzeres Bat. ward von dato an wieder an die Befehle des Gen. v.Nostitz verwießen. Es marschirte dieses Bat. heute aus Lübben bis in die Gegend von Vetschau und rückte

den 14. März in die Cantonnirung nach Manso, Kathlo, Groß und Klein Liesko, Kinge, Grotzsch, Mannersbrück, Bärenburg, Diebsdorf und Goschne. Es hatte dieses Bat. da es den ganzen Spreewald umgehen mußte einen Marsch von 9 Stunden und rückte erst spät am Abend ein. Die Cantonnirungsquartiere lagen in einer Etendue von 3 Meilen. Das Stabsquartier war Kathlow.

In den heutigen Tagesbefehl ward bekannt gemacht, daß S. Maj. der König jeden Offz. vom Capit. 2.Klasse an abwärts 50 Thlr. zu Einrichtung der Feld Equipage bewilligt habe welche den 17. abgeholt würden, Auditeurs und Rgt.s Chirurgen erhalten 25, die bei den Canzellein und übrigen Branchen angestellten Personen so in einem Tractament von 15 – 30 Thlr. stehen jeder 20 Thlr, die Bat. Chirurgen 15 Thlr. und die Chirurgen und Aufseher in den Lazaretten jeder 10 Thlr.

Mit Tagesanbruch fuhr ich mit Hrn. v.Lindenau nach Guben um dort einige Geschäfte zu besorgen. Hier erfuhren wir die Ankunft des Obr. Langenau welcher den Gen. Reynier nach

Dresden entgegengeschickt worden war. Auf unseren Rückweg fuhren wir über Schöneich und Reichersdorf ./. Hr. v.Kracht, Schwager des Gen. v.Steindel.

Durch eine heute erhaltene Ordre ward bekannt daß der Gen. Reynier den 16. über die Rgt. Garde du Corps, v.Zastrow Ciuraß. Gren. Bat. v.Liebenau, Brause, Rgt.er König, Niesemeuschel und 4. Fußbatterie ./. Weiske ./. bei Forsta Revue halten wolle. Damit das Rgt. Niesemeuschel an diesem Tag nicht zu weit zu marschiren hatte, mußte das 1. Bat. schon den 15. aufbrechen und mit in die Quartiere der Garde du Corps rücken, das 2. Bat. aber sich in seinen Quartier bei Griese und Morne conzentriren. Das 2. Bat König concentrirte sich mehr nach Forsta.

Den 15. März des Mittags mit dem Gen. und Hrn. v.Lindenau in Pförthen bei Graf Brühl. Der heutige Tagesbefehl bestimmte die Stunde und den Ort der morgenden Revue, das Gren. Bat. v.Brause nahm der Entfernung halber nicht daran Theil.

Den 16. März fuhr ich mit dem Gen. u. Hr.v.L. nach Forsta. Nach einem daselbst eingenommenen frugalen Frühstück begaben wir uns nach 11 Uhr auf den Revue Platz erwarteten die Ankunft des Gen. Reynier. Das Wetter welches uns anfangs nicht sehr begünstigen wollte heiterte sich jedoch auf. Nach 12 Uhr kam der Gen. Es geschah ihm zu Ehren 11 Canon Schuß. Nachdem die Linie paßirt war, ließ er das Rgt. Zastrow Cuiraß. und Rgt. Niesemeuschel die hier ziemlich entfernte Nachtquartiere hatten sogleich in selbige wieder zurückkehren. König und Liebenau formirten nach einigen gemachten Handgriffen eine geschloßene Colonne veränderten in selbiger die Direction marschirte enligne vorwärts auf und defilirte, alles geschah zur vollkommenen Zufriedenheit. Nach Beendigung des Defilirens machte die Garde du Corps einige Bewegungen und defilirte ebenfalls. Alles kehrte froh und zufrieden zurück. Nachmittags 4 Uhr waren wir wieder in Oegeln.

Den 17. März ritt ich des Nachmittags nach Guben und übernachtete bei meinem Bruder. Abends beim Landesältesten v.Manteufel.

Den 18. März paßirte die sämtl. Artillerie, das Gren. Bat. v.Spiegel, Rgt. Friedrich, Clemens, 1.leichtes Rgt. und 1. Bat. Husaren bei Guben auf dem großen Exerzir Platz die Revue. Mittags ½ 12 Uhr nachdem ich die zu erhaltenden Gratificationsgelder in Empfang genommen hatte erwartete ich die Ankunft meines Generals. Wir wohnten in Gesellschaft Lindenaus und des Grafen Brühls der Revue bei. Die Fuß-Artillerie defilirte, die reutende Art. Brigade exerzirte nach dem Defiliren. Gren. Bat. v.Spiegel und Rgt. Friedrich exerzirten zusammen in der Brigade, dann das Rgt. Clemens und das 1.leichte Rgt., das eine Bat. Husaren desgl. Nach beendigter Revue dinirten wir in Guben auf dem Keller brachten noch einige Stunden sehr angenehm bei dem Landesältesten v.Manteufel zu und kamen Abends 9 Uhr wieder zurück.

Auf Befehl des Gen.v.R. wurden heute die beiden Battr. Rgt.s Artillerie aufgelöst und jedes Rgt. erhielt davon 4 4pfd. Piecen, bei der Brigade wurde der P.Lt. Kayser beim Rgt. König und beim Rgt. v.Niesemeuschel der S.Lt. Glowacky angestellt.

Den 19. März fuhr ich abermals in Gesellschaft meines Gen. nach Guben um den Gen. Reynier die Aufwartung zu machen das geschah nach 9 Uhr. Den Mittag brachten wir in Schöneich beim Creißhptm. v.Carlsberg zu und fuhren gegen Abend wieder nach Oegeln zurück.

Den 20. März in Pförthen bei Graf Brühl.

Den 22. März zog das Gren. Bat. v.Brause die Dörfer Tranitz und Wadewicse zu fürs Cantonnement, und evaquirte Kathlow und Diebsdorf, der Staab kam nach Tranitz.

Auch diesen Tag ging die Ordre über die fernere Justiz Pflege bei dem mobilen Corps ein, nach selbiger wurde bei jeder Division ein Auditeur und bei jeder Brigade ebenfalls einer angestellt, bei der Brigade war es der Auditeur Trübenbach vom Rgt. Max.

Nach dem heutigen Tagesbefehl bricht der Artillerie Park den 26. d.M. nach Peitz auf. Sehr schönes Frühlingswetter.

Den 23. und 24. März nichts veränderliches Außerordentlich Schnee und bedeutende Kälte.

Den 25. März nichts veränderliches

Den 26. März ward in den Tagesbefehl bekannt gemacht daß das Corps in wenigen Tagen die Sächs. Grenze paßiren würde. Die Eintheilung desselben in Colonnen war folgende:

1.Div. <u>Avantgarde</u> G.Lt. v.Funk

1.Bat. Husaren	versammelt sich den 28. bei Crossen
2.Bat.Husaren	und ging über Neusalza, Kuttlaw,
2 Esc. Polenz	Fraustadt, Reussen, Kröben, Kobylin
1.reit. Battr.	Krotoczin, Ostrawa nach Kalisch wo-
1.leicht. Inf.Rgt.	selbst sie d. 10.Apr. nach 3 Rasttagen eintreffen

<u>1.Colonne</u> G.Lt. v.Le Coq, G.Maj. v.Steindel

Hauptquartier	versammelt sich nach 4 Marschtagen
Pr. Clemens Uhlanen	über Ehrsteinstadt, Naumburg u. Bun-
Pr. Clemens Inf.	zelwalde d. 31. bei Neusalza u. geht
Pr. Friedrich	ü. Fraustadt, Lissa, Gostyn, Koczmin,
1.Fußbattr.	Raskow u. Kalisch u. trifft d. 10. dort
Artillerie Reserve	ein

<u>2.Colonne</u> G.Maj. v.Nostitz

2 Esc. Polenz	brach d. 28. auf vereinigte sich nach
Rgt. Anton	3 Märschen bei Grünberg u. geht wie die Avantgarde, treffen d. 11.Apr. bei Kalisch ein

<u>3.Colonne</u> Maj. v.Liebenau

Gren.Bat. v.Liebenau	bricht d. 27. auf, vereinigt sich nach
Große Art. Park	3 Märschen ü. Sagan u. Sommerfeld
Brücken Train	b. Fraustadt u. geht wie d. 1.Colonne u. trifft d. 13.Apr. b. Kalisch ein.

2.Div. 1.Colonne Gen. v.Gutschmidt, Gen. Klengel

Gen. Staab d. 2.Div.	bricht d. 28. auf, vereinigt sich d. 30.
Rgt. Pr. Albrecht	b. Crossen u. setzt bis Kalisch d.
Rgt. König	Marsch fort, trifft d. 11. dasselbst ein
Rgt. Niesemeuschel	ü. Leuterdorf, Züllichau, Kontop,
3.Fußbattr.	Schlawe, Fraustadt, Lissa etc.

2.Colonne G.Maj. v.Sahr

2 Esc. Zastrow	bricht d. 28. auf, versammelt sich d.
Gren. Bat. v.Spiegel	30. b. Croßen, setzt d. Marsch wie G.
Gren. Bat. Anger	Thielmann fort u. trifft d. 11. in
	Kalisch ein.

3.Colonne Maj. v.Brause

Gren. Bat. v.Brause	vereinigt sich d. 31. b. Guben, setzt d.
Cav. Det. v.Zastrow	Marsch d. Gen. Klengel fort u. trifft
Parc des vivres	d. 14. Apr. in Kalisch ein.
Lazarethe	

Die Ordre zu dem Aufbruch überraschte uns alle sehr da sie erst den 27. spät des Abends kam, in der Schnelligkeit ward sie expedirt und den folgenden Morgen früh alles zu unseren Abmarsch in Bereitschaft gesetzt.

Den 28. März früh 9 Uhr verließen wir Oegeln mit bedauern von einem guten Freund, wie Lindenau es war, vielleicht auf immer zu scheiden. Wetter und Weg war uns günstiger als wir anfangs glaubten. In Starzelle stießen wir auf das Rgt. Clemens Inf. welches auf dem Marsch nach Sommerfeld begriffen war. Die Gegend welche wir auf auf den heutigen Weg paßirten enthielt schon ein Vorspiel von Pohlen da wir nichts als Wald, Sand und Bruch fanden. Bei Kanig paßirten wir die Grenze von Sachsen und Schlesien. Mannichfaltige Gedanken drängten sich mir abermals auf, da unsere Aussicht auf die Zukunft so sehr noch in Dunkel gehüllt ist. – Sinnend und still während wir eine große Stundenlange Heide, welche auch nicht geeignet war zu der Freude aufzumuntern, vielmehr nur noch mehr zur Trauer stimmte, da sie auch ganz und gar von Stumpen abgefaßt war, und einen schrecklichen Anblick gewährte. Mangel an Menschen in hiesiger Gegend gestattete nicht einmal, daß dieses Holz, welches nur in den 1.Jahr noch benutzt werden kann, noch zu irgend etwas gebraucht werden kann. Zwar waren seitens der Regierung 14.000 Clafter zu den Verkehr bereits geschlagen, jedoch beachtete man kaum, daß diese große Holzmenge bereits hier entnommen worden war.

Unsere Marsch Station war heute Bobersberg am Bober, allein da hier in der Stadt durchaus das Unterkommen gar nicht für meinen Gen. geeignet gewesen, so war uns das Quartier ½ Stunde rechts der Stadt in Cuno angewiesen worden. Schon waren wir erfreut, in diesem elenden und stinkenden Städtchen nicht bleiben und Rasttag halten zu dürfen; allein in Cuno war es auch nicht viel beßer. Hinzu kam noch das unsere Ankunft nur 1 Stunde zuvor erst verbreitet worden war. Wir fanden also alles noch in der größten Verwirrung. Doch arrangirte es sich noch diesen Abend, und wir waren eingedenk, daß es uns auf diesen Marsch nach Kalisch schlechter noch finden würde.

Den 29. März war zu unseren großen Leidwesen Rasttag – Tag der langen Wände – wenig Unterhaltung im Quartier obschon ein sogenanntes hübsches Mädchen Frl. Oppel zu unserer Gesellschaft herbeigeführt ward wahrscheinlich stammte sie von dem Geschlecht der Molche ab, ihr Bruder war preuß.Offz. gewesen und jetzt verabschiedet, lebte mit hier bei ihr in einem Auszügler Hauße nur lange Weile konnte mich bringen die hierher nicht paßende Bemerkung zu schreiben so wie daß vis a vis das Gut des Hanrhei des bekannten Graf Tilly lag, auch das sie erwähnte es heißt Kokettel /:Hucknadel:/

Vom Hauptquartier hörten wir gestern und heute nichts.

Den 30. März ritten wir früh 7 Uhr aus Cuno ab, und aufs Rendezvous des Rgt.s König welches 9 Uhr an der Bobermühle war, der Marsch war klein ohngefähr 3 ½ Stunden. Vor dem Einrücken in Crossen trafen wir das 1.Neu-märkische preuß. Dragoner Rgt., welches auf dem Marsch von Berlin nach Breslau war. Die Gegend wurde je näher wir Crossen kamen beßer, aber sehr sandig. Crossen selbst war bei unserem Eintreffen daselbst schon sehr belegt. Es befand sich dort das Hauptquartier, der ganze Generalstaab, das Gren. Bat. v.Spiegel, das 1. Bat. Niesemeuschel, Intendance und Sappeurs hierzu rückte heute noch ein das ganze Rgt. König, die Artillerie der Colonne und das Bat. Anger. Die 400 Häuser große Stadt zählt 9000 Einwohner und ist sehr nett gebaut an der Oder. Ich lag mit Heinz zusammen bei einem Tuchmacher leidlich. Die Verpflegung erfolgte hier durch den Magistrat, welcher Brod, Fleisch und Gemüse an die Wirthe ausgab. Ein Detaschement von 80 Mann preuß. Inf. stand hier und besetzte mit Spiegel die Wacht gemeinschaftlich.

Den 31. März verließen wir früh 8 Uhr Crossen bei entsetzlichen Regenwetter. Die Colonne marschirte Regimenterweise in und um Leuthersdorf, Albrecht Deutsch-Netko, König Cremersborn, Niesemeuschel Blumenberg, Artillerie Rednitz. Der Weg war mitunter sehr schlecht, die Gegend sandig und viel eben. In Leutersdorf selbst kamen wir auf das dasige sogenannte Schloß. Es gehörte der Fürstin v.Hohenzollern-Hechingen. Capt. Bernewitz, Lt. Kaiser v.d. Artillerie, Röder und Borkhausen von König lagen mit uns zusammen. Das Quartier wäre beßer gewesen wenn sich der Widerwille unseres Wirths im Hause sich nicht überall so sehr ausgedrückt hätte; dem ohngeachtet brachten wir obschon uns hier die 1. Streu erwartete sehr vergnügt zu da unsere Stubengenoßen uns viel Spaß gewährten.

Den 1. April traten wir bei christlicher Zeit und guten Wetter unseren Marsch nach Züllichau an, schon bedeutend, jedoch ein halb schlecht gebautes Städtchen war; wir ritten äußerst schnell und legten den 2 Meilen weiten Marsch in 2 Stunden zurück. Die Gegend ward hier heiterer. Unser Quartier war sehr brillant in der Müllerschen Tuchfabrik, der Ort wird mehrentheils durch Tuchfabrikanten bewohnt unser Wirth nebst Frau, alte gute Leute, sein Sohn und 2 Töchter schon noch artige sehr große Kinder, die jüngste viel Aenlichleit mit E.v.K. Des Abends besuchten wir die hiesige Resource.

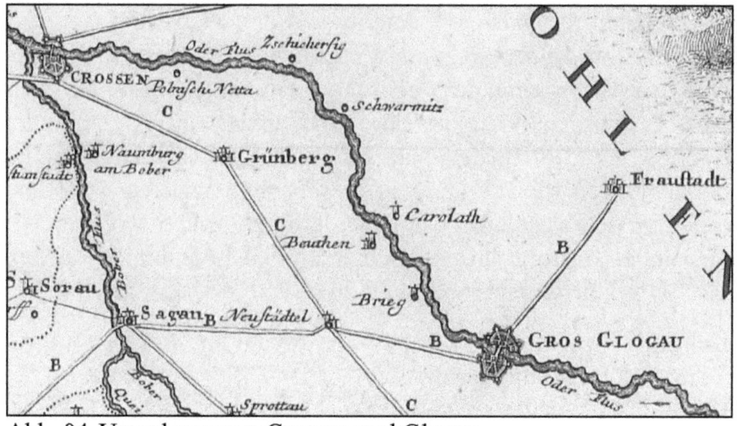

Abb. 04 Umgebung von Crossen und Glogau

Den 2. Aril verließen wir früh gegen 8 Uhr Züllichau, unsres Wirthes Sohn begleitete uns, führte uns durch einen sehr schönen und neu gebauten Theil der Vorstädte. Unterwegs noch kaufte Lt. Heinz ihm sein Pferd ab. Weg und Wetter waren sehr gut. Da wir sehr scharf ritten /:2 Meilen in 1 ½ Stunden:/ so überholten wir sämtliche Truppen der Colonne. Nach Zurücklegung der Entfernung von 3 Stunden verließen wir die Neumark und paßirten die Grenze Pohlens. Ein kleines Waßer bildet die selbige, eine ganz andere Art Sand gegen die Mark ließ uns schon , eher wir erfuhren wo Pohlen anfing mit Gewißheit wißen, daß wir ein anderes Land betraten. Unser heutiges Nacht- und Rgt.s Quartier war in Karge den 1.Pohlnischen Städtchen auf dem Schloß bei Graf Unruh, wir wurden sehr brillant hier aufgenommen, doch ging es unseren Wünschen nach eigentlich zu vornehm zu. Gen. Gutschmidt mit seinem Gen Staab kam ebenfalls aufs Schloß und da dieser sehr spät eintraf und mit dem Dinner auf ihn gewartet werden mußte, so hing uns allen der Magen sehr lang, denn ein Frühstück wurde zwar serviert, doch unangerührt wieder abgetragen, da man Eßen hier nur als Nebensache zu betrachten schien, die Mittagstafel Abends 3 Uhr, war äußerst brillant, stark besetzt und die Gesellschaft sehr zahlreich, mein Tischnachbar war ein Hr. v.Potworowsky, welcher während der Belagerung Danzigs Commandant der Niederung war, mir und ihm gewährte es viel Vergnügen uns dieser Zeit zu erinnern da wir einander dort schon kennengelernt hatten. Des Abends wurden wir zum Thor und später um 10 Uhr zum Souppée invidirt. Beides chainante Parthien. Nach Beendigung derselben retirirte ich mich in Gesellschaft unseres Auditeurs mit dem ich zusammen in einer kleinen Stube wohnte, wir überließen uns hier unserer beiderseitigen Laune und brachten bis 1 Uhr Nachts recht vergnügt zu.

Das Rgt. Niesemeuschel u. 1 Esc. Albrecht lag in Karge
3 Esc. Albrecht in Koprinz
König in Schwentsen
Die Artillerie in Chevalin

Unser Marsch hatte eigentlich heute des früher erhaltenen Tableaus nach, nach Kontop gehen allein erhaltener Nachricht von äußerst schlechten Wegen war die Ursache daß wir über Karge gingen. Nach gehaltenen Rasttag sollten wir der früheren Nachricht nach über Alt-Kloster nach Schnirgel dirigiren, allein Abends 10 Uhr kam eine Staffete aus dem Haupt Quartier, daß wir, wie früher geordet war, nach Schlawe marschiren müßen. Die Verpflegung der Mannschaften erfolgte durch Lieferung an Brod, Fleisch, Gemüse und Brandwein aus dem Magazin.

Unterm 29n dieses ward dem Corps bekannt gemacht, daß das Sächs. Corps das 7. Armeekorps, und die Div. Lecoq die 21. und die v.Gutschmidt die 22. Div. der großen Armee bilden.

Den 3. April war Rast und wir konnten diese hier sehr gern sehen. Des Abends ward auf Veranlaßung des hiesigen Platz Commandanten die Stadt illuminirt; ob nun schon die Bürger in keinem sonderlichen Verhältniß mit diesem Menschen standen, so thaten sie es doch nicht ihm sondern uns zu liebe alle sehr nur gern. Eine Anektode die den Charakter des Platz Comdt. schildern und die vor unsern Einmarsch erst erfolgt war. Er protegirte die Juden, lässt sich Geld von Ihnen geben gegen das Versprechen, daß sie ihrer Opfer wegen von

Einquartierung frei bleiben sollen. Die Bürger hierüber aufgebracht, tragen ein altes Mosesbild des Nachts vor sein Haus, mit der Beischrift, daß da er die Juden so protegire diese von nun an auch die Post bei ihm besorgen mögten.

Des Mittags rückte das Bat. Spiegel hier ein und übernachtete da. Wir kamen hier ganz außer unserer Lebensweise denn des Mittags ward erst ½ 3 Uhr und des Abends um 10 Uhr gespeißt.

Den 4. April verließen wir bei sehr schönen Wetter diesen angenehmen Aufenthalt früh 9 Uhr. Der heutige Marsch über Töpperbude nach Schlawe in Schlesien sollte stärker als 3 Meilen sein allein wir fanden dies nicht, gegen 1 Uhr waren wir bereits im Quartier unser Marsch führte uns heute zum größten Theil an einen großen See der 3 Meilen lang ist und zu den Gütern unseres Wirths in Schlawe Grafen Firnemont gehörte. Ehe wir in die Stadt kamen sahen wir jenseits des Sees eine große Artillerie Colonne, sehr bald erkannte der mit uns reitende Art. Lt. Oertel daß es der Hauptpark sei, ich eilte ihn vor seinem Durchgang durch die Stadt zu erreichen hatte das Vergnügen meinen Bruder Ernst hier nach 8 Wochen zum ersten mal wieder zu sehen. Der Park hatte nur einen einzigen Rasttag gehabt und war über Peitz, Naumburg und den Carolath dem Corps gefolgt. Als ich meinen Bruder wieder verließ, ritt ich in die Stadt zurück lernte in dem dasigen Geistlichen einen sehr hübschen Mann dadurch kennen daß ich meinen Gen. bei ihm aufsuchte, von ihm erfuhren wir eine vorläufige recht vortheilhafte Schilderung unseres Wirths und seiner schönen Gemahlin, die sich aber nur für sehr gleich als Dulderin zeigte; ihr Gemahl behandelte sie mit vieler Härte so wie alle seine Umgebung; sehr deutlich merkte man ihm die Abneigung an mit der er uns aufnahm doch ließen wir uns hierdurch gar nicht stöhren sondern befanden uns sehr wohl Gen. v.Gutschmidt traf ebenfalls mit seinem Gen Stab auf den hiesigen Schloß ein. Des Abends hörten wir von ihm, daß die Bayern uns erreicht hätten und wir da wir von ihnen durchkreuzt würden wahrscheinlich einige starke Märsche haben dürften um bei Fraustadt durch sie durch zu kommen.

Schlawe ein schlesisches Städtchen ist leidlich gebaut hat gutmüthige Einwohner liegt 3 Meilen von Glogau. Der hiesige große See hat einen großen Einfluß auf das Klima. Das Schloß wird von einem sehr hübschen Park umgeben.

Den 05. April früh 8 Uhr aufgebrochen 4 Stunden weit nach Fraustadt. Zum 2ten mal betraten wir hier jetzt die pohlnische Grenze die Gegend die wir auf unsern Weg paßirten war zum theil sehr waldig. Das Wetter nicht sonderlich. Kurz vor der Stadt überholten wir den großen Artillerie Train und mehrere Equipagen die Pontonbrücke und das Bat. v.Liebenau. Das Rgt. Albrecht lag heute in und bei Nieheln, das Rgt. König in und bei Fraustadt, Niesemeuschel in und bei Illgen. Heute hatte ich mehr Gelegenheit mir die Stadt zu besehen als vor 5 Jahren, ich finde dass ich eine schlechte Idee nicht gehabt habe sobald man die Stadt selbst nicht besieht, denn die Vorstädte sind vortrefflich aufgebaut, da ein großer Brand vor 8 Jahren sie alle in Asche gelegt. Mein Quartier war bei einem Bäcker Herzog am Glogauer Thor leidlich. Des Nachmittags machte ich mit meinem Gen. Visite hier mit beim Bayerischen Gen. Deroy welcher heute mit einem kleinen Detaschement hier angekommen war die übrigen bayrischen Truppen waren von Glogau aus rechts gegangen. Nachher suchte ich den Hrn. Milinsky meinen damaligen Wirth in Röhrsdorf auf, da ich hörte daß er mit seiner Familie vor der Hand in der Stadt wohnte; ich fand ihn sehr bald, es freute ihn und seine Frau sehr mich wieder zu erkennen und ich musste des Abends bei ihnen bleiben.

Den 6. April früh 8 Uhr von Fraustadt abgerückt noch sehe ich F.v.Milinsky am Fenster als wir vorbei ritten. Das Wetter war heute besser als der Weg. Nach einem 6stündigen Marsch den wir innerhalb von 3 Stunden zurücklegten, kamen wir an den 99 Windmühlen bei Lissa an, die Gegend um selbige ist sehr heiter und angebaut. Unser Quartier war heute wieder mit dem

Gen. v.Gutschmidt zusammen in dem Schloß des Fürsten von Sulkowsky. Königl. Pracht mußte vor alten Zeiten hier geherrscht haben; jetzt sah man nur noch die Rudimente davon, König August der Starke hatte auf seiner Reise nach Pohlen stets hier übernachtet, einer seiner Mätressen die Vorfahre des jetzigen Besitzers hatte er das Schloß bauen lassen, jetzt gerieth es da die ganzen Güter in Administration sind in Verfall.

Den 7. April ging die Ordre ein, daß das Rgt. Albrecht Dragoner auf Ordre des Gen. Reynier an die Befehle des K. Fr. Gen. Domanget verwiesen werden sollte u. die Ankunft seiner Colonne, welche von Glogau her kam, hier erwarten möchte. Es bestand seine Brigade nur aus Inf. und wir schmeicheln uns, daß die Trennung dieses Rgt.s vom Corps nur auf die Zeit des Marsches bis Kalisch dauern werde. Die Quartiere der Colonne waren

Niesemeuschel und Artillerie   Lissa
König   Deutsch Wilke, Gronowko, Dobramiste pp.
Albrecht   Pawlowitzsch, Storchnest pp.
im Durchschnitt gut.

Heute früh 8 Uhr mußte der Staab und 2 Comp. von König welche in Deutsch Wilke lagen delogiren und diesen Ort einer Brigade Bayern überlaßen welche heute in hiesiger Gegend auf dem Marsch nach Glogau übernachteten. Lissa selbst ist an und für sich nicht so groß als Fraustadt und auch nicht sehr hübsch gebaut, es befinden sich 4 Gemeinden nämlich 1 Evangelische, Catholische, Reformirte und Juden, und hat eine sehr hübsche Kirche die der Juden besuchte ich noch vor unsern Abmarsch traf ein Corps Westphalen ein.

Den 8. April bei zwar guten Wetter aber schlechten Weg nach Gostyn die Gegend bis dahin war ungemein eben, viel Buchenwald, 4 starke Meilen in 4 Stunden zurückgelegt. Wir kamen nicht in die beinahe ganz abgebrannte Stadt, deren Reste elend sind, sondern in das ½ Stunde davon gelegene Philippiner Kloster deßen Stifter ein gewißer Miloselsky gewesen. Die darinn befindlichen 12 Geistlichen sind alles Weltgeistliche die Kirche sowohl als das Kloster sehr schön gebaut die Geistlichen sind keiner Strenge unterworfen. Unsere Unterhaltung hier war sehr einförmig da nur sehr wenige deutsch und 1 französ. Sprachen. Des Mittags sowohl als des Abends speißten wir im Refectorium. Ganz ehrwürdig saßen wir unter der schwarzen Gesellschaft.

Sehr unvermuthet traf heute noch die ganze 4. Colonne unter den Maj. v.Brause mit in unsern Quartier ein, welche keinen Rasttag hatte halten können sondern stets den Westphälischen Truppen Platz machen müßen. Die an und für sich schon schlechten Quartiere wurden also durch Uiberbelegung nur verschlechtert. Schon des Abends treffen Westphälische Quartiermacher auch hier wieder ein, und anuoncirten die Ankunft von 8000 Mann zu morgen.

Den 9. April verließen wir bei sehr schlechten Wetter, Sturm und Schneegestöber früh 9 Uhr unser Nachtquartier begleitet von den guten Wünschen der Geistlichen bei Sandberg trafen wir die ganze 4. Colonne welche sich hier sammelten. Wetter und Weg waren uns heute so ungünstig daß man für rathsam hielt, weiter als ein Stück zu Fuß zu gehen. Die Gegend die wir auf dem ganzen Weg paßirten war äußerst schlecht da soweit das Auge trug sahen wir nichts als Lehm die Bauart der Dörfer die wir hin und wieder paßirten war ächt pohlnisch.

Nach 5 Stunden Marsch hatten wir 4 Meilen Wegs zurück-gelegt und kamen in das Städtchen Koczmyn, ein ganz mißerables Nest. Zwar befindet sich hier ein Schloß in welches wir einquartirt wurden und welches dem Feldmarschall Kalkreuth gehörte, allein es war einer Ruine so ähnlich, daß die im Ort stehenden Detaschements nicht geglaubt hatten daß ein Mensch darinn wohnen könnte, nichts als leere Wände fanden, die nothwendigen Stücke als pr.M. 1 Stuhl 1 Lager und alle zusammen 1 Tisch mußten wir uns erst mit Mühe verschaffen. Nur der ungeheuren Größe der Zimmer hatten wir es zuzuschreiben daß wir nicht warm wurden denn an Holz fehlte es nicht. Die Verpflegung für uns wurde mit Mühe und Noth herbeigebracht.

Des Abends ging die Ordre ein daß wir Tags darauf nicht nach Raskow, sondern nach Preszew gehen sollten. Es mußten also sogleich anderweite Quartiermacher nach letztern Quartier abgesendet werden. Von der Vermehrung der Wölfe in hiesiger Gegend hörten wir sehr viel. Ein hier seit 16 Jahren stationirter Jäger hatte während der Zeit 100 getödtet. Nur vor Kurzem noch hatten sie 5 Kinder gefreßen.

Den 10. April früh 9 Uhr aufgebrochen 3 Meilen in 4 Stunden der Weg schlecht das Wetter leidlich die Gegend ziemlich öde mehrere abgestorbene Eichwälder paßirt, wir paßirten heute Dobrczycze ein elendes Städtchen und vortreffliches Schloß. Unser Quartier war heute ½ Stunde von Presczew auf dem Schloß des Grafen Bilski, wo wir als wir dann unsre Wohnung sahen durch das vortreffliche meublement sehr überrascht. Fanden an unsern Wirthsleuten eine vortreffliche Familie und sehr gute Aufnahme die älteste Tochter hatte ungemeine Aehnlichkeit mit E.M. Mir verschaffte diese Aehnlichkeit viel Freude und da auch sie in mir eine außerordentliche Aehnlichkeit eines ihrer intimsten Freunde fand, so unter-hielten wir uns beide gern miteinander. Schade daß diese Frau eine umglückliche Hand hatte sie lebte geschieden von ihrem Mann. Ihr Vater hatte die hiesige Wüste in einen sehr schönen Park umgeschaffen. Nebst uns lag noch der Maj. Seydewitz Cap. Bünau Lt. Larisch Scheubner und Zeschau hier. Wir verlebten den heutigen Tag recht vergnügt.

Den 11. April früh 10 Uhr brachen wir auf und kamen nach Zurücklegung 2er Meilen in die Kantonnirung bei Stawiscyn uns traf das Loos nach Langendorf welches man Vorstadt von Baarsczyn schimpft. Nebst und lag noch an Offic. der Staab und 1 Comp. Rgt. Garde du Corps, der Staab und 1 Comp. des Rgt. v.Niesemeuschel und wir in ein und demselben Hause in dem sich nur 4 heizbare Stuben befanden; obschon der Besitzer des Ritterguths /:hier Schloß genannt:/ Hr. v. .... alles gern hier gab und that, um uns wenigstens auf die Nacht wo die hier durchmarschirende Garde du Corps mit bei uns zubrachte unseren Aufenthalt zu erleichtern so gehörte es doch fast unter die Unmöglichkeit 1 Gen. 16 Offic. und beinahe 20 Domenstiquen bei ihm unterzubringen. Heute schränkten wir uns dergestalt ein, daß wir alle samt und sonders auf einer Streu zubrachten. An Arbeiten war hier nicht zu denken.

Den 12. April zog ich früh Erkundigungen ein ob das Dorf Zelasko eine Stunde entfernt belegt sei und welches da ich hier nun Quartiermacher für den Gen. v.Sahr, den Stab und 1 Comp. des Bat. Anger und des Bat. Brause welches heute wieder zur Brigade stieß, hier in einem Schloß fand, wo hinlänglich Quartier für alle, fand für meinen Gen. Quartier daselbst, wir bezogen daßelbe den Nachmittags, ich aber fuhr nach Kalisch in Gesellschaft des Cap. v.Bose vom Rgt. Niesemeuschel um die monatlichen Gebührniße in Empfang zu nehmen Unsere Fuhre machte mir obschon sie sehr schlecht war viel Spaß. Erst gegen Mittag trafen wir dort ein, wir ließen uns, da wir nicht die Aussicht hatten heute abgefertigt zu werden Quartier geben und erhielten ein sehr gutes am Markt bei einem reichen Griechen. Wir besahen uns Kalisch welches nicht sehr groß aber hübsch gebaut ist, ich suchte meinen Bruder auf, auch Ernst traf ich zufällig der ganz nahe bei Kalisch stand. Zugleich erfuhr ich dass das Corps den 14. und 15. die hiesige Gegend wieder verlaßen und die 1.Div. den 13. den Marsch nach Petrikau und die 2. den 15. über Warta, Szadeck, Pabianice und Brzezyn nach Rawa antreten. Des Abends brachten wir eine Stunde bei Louis zu.

Die Erlangung der Vivres in dem Magazin hielt hier der wenigen Vorkehrungen wegen sehr schwer ich selbst mußte zum wirklichen Prefekt um uns das nöthige fürs Brod zu verschaffen.

Den 13. April früh 10 Uhr erst erhielt ich meine Gebührniße, wir fuhren sogleich wieder retour; unterwegs verlohr ich zu meinem größten Missvergnügen meinen Tabaksbeutel den ich von der Schwester bekommen hatte. Nach unsrer Ankunft informirte ich mich wie gewöhnlich von allem im Hause, das Schloß gehört dem Grafen Radolinsky, der aber jetzt nicht hier sondern in Warschau war, sie eine sehr gebildete Frau war von der Türkischen Grenze her 150 Meilen von hier gebürtig, hatte 6 sehr artige Kinder, die beiden älteßten waren verheiratete Töchter, unsere Aufnahme sowohl als Logis war sehr gut, des Abends entdeckte es sich daß ich die beiden Comteßen schon in Warschau bei meinem Quartier der Frau Ollivier hatte kennen lernen, bei der sie sich damals in Pension befanden. Es besteht die Rückerinnerung dieser Zeiten aus sehr viel Vergnügen, sie hatten mich gleich erkannt jedoch nicht vermuthet daß ich es sein könnte, mir kamen die Phisiomanire der beiden Damen zwar auch sehr bekannt vor, doch erkannte ich sie erst als das Gespräch auf Md. Ollivier kam.

Abb. 05 Gegend von Kalisch (Kallitz), Warta und Rawa

Das Rgt. König war den 12., Bat. Brause am nämlichen Tag und Niesemeuschel den 11. in die Cantonnirung, ersteres bei Koznimek, das 2. b. Kalinow u. das 3. b. Stawyszyn gerückt. Die Quartiere und Vivres für die Leute waren sehr schlecht.

Lt. Heinz erhielt den Befehl der Colonne, die aus Brause König Niesemeuschel der 3. Fußbttr. und dem Divis. Park bestand bei bevorstehenden Märschen voraus zu gehen, es erfolgte dieses Vorausgehen den 13. Heute brach der General Stab auf, um dem König von Westphalen den man in Kalisch erwartete Platz zu machen.

Wir erfuhren heute jedoch nicht per Ordre daß Gen. Thielmann mit den Rgt. Garde du Corps und Zastrow ganz aus dem Corps detaschirt und zu der Reserve getheilt worden war, welche sämtliche schwere Cavallerie der Großen Armee bildet.

Des Abends als wir soupirten, traf unser Wirth von Warschau wieder ein, er war ein äußerst großer Mann an Figur und sehr heiter und froh, er besaß 28 Güter und 36 Dörfer, nur erst als deutsch gesprochen wurde, ward er mittheilender, er erzählte uns, welche Noth in der Warschauer Gegend herrschte, da die ganze Armee sich dort dießeits der Weichsel finde. Aller der großen Zurüstungen ohngeachtet bezweifelt man doch noch den Ausbruch des Krieges.

Den 15. April verließen wir diesen Ort früh ½ 11 Uhr und trafen ¼ 1 Uhr in Koczminek 3 Stunden entfernt von hier ein. Unser Quartier war beim Präsident von Kalisch Graf v.Kielzewsky er ging noch in der Nationaltracht u. war ein Pohle mit vieler Würde u. Anstand, wir wurden sehr gut aufgenommen; der Auditeur und ich kamen zusammen in ein Seitengebäude des Schloßes zu liegen u. hier erkannte ich die früher schon kennengelernten schlechten Wohngebäude der Edelleute in den kleinen Häusern von geschwächten Balken in der Ecke jeder Stube ein großer Kamin alte Tische und noch ältere Stühle.

Zu unsern großen Bedauern kam des Abends 1 Bttr. und 2 Comp. Westphälische Inf. noch hier an, der Div.Gen Ochs folgte ihnen und logirte auf dem Schloß wir lernten ihn nicht kennen sahen aber das ungesittete Benehmen seines Korps denn ein Excess folgte den andern. Mir selbst paßirte es daß ich ziemlich stark mit einem seiner Offic. zusammen kam der unsere Wohnung nehmen wollte.

Wetter Weg und Gegend waren auf dem Marsch von Zelasko nach Warta sehr günstig. Sehr zum Zeitvertreib diente uns ein Referendar aus Kalisch der die Geschäfte beim Grafen besorgte er gab uns besondere Unterhaltung über Pohlnische Sprachen.

Den 16. April früh ½ 9 Uhr aufgebrochen bei sehr schönen Weg und Wetter selbst die Gegend war angenehm wir fanden mehrere Höfe, besonders aber schöne Eichenwälder. ¾ 1 Uhr trafen wir in Wartha einen nicht ganz kleinen aber elenden Städtchen ein. Die Stärke unseres Marsches war 3 Meilen. Wir kamen sämmtl. zu einem Kaufmann ins Quartier. Unsere Vivres wurden per Requisition verschafft. Nebst uns rückte noch der Staab und 1 Comp. von König und 1 Theil des 7.Westphälischen Regiments hier ein.

Den 17. April paßirte das Rgt. Niesemeuschel früh das Brigade Quartier und brachte bei dieser Gelegenheit meinen Gen. ein Vivat. Unser Marsch ward abwechselnd, in fast ununterbrochenen Waldung, auf bald guten bald schlechten Wegen. Die Entfernung unseres heutigen Quartiers betrug da es 1 Stunde über Zadek einem leidlichen Städtchen war 7 Stunden. In Rzepiszow war unser Quartier auf den Edelhof bei dem Herrn v.Maczyniki welcher nur vor kurzem noch Rittmeister in pohlnischen Diensten gewesen war.

Den 18. April ritten wir früh 8 Uhr bei außerordentlichen Schneegestöber wieder von hier ab, paßirten außerordentlich schöne Waldungen, die Wege waren äußerst schlecht, die Waldungen aber so wild, als man sie bei uns in Sachsen nicht findet. Laub- und Nadelholz wechselte darin stets miteinander ab. Unsere heutige starke 3 Meilen weite Tour legten wir innerhalb 4 Stunden zurück und kamen nach 12 Uhr in Pabianice ein gewöhnliches pohlnisches Städtchen an. Unser Quartier war auf dem dasigen Amtshaus der Gen. beim Amtmann Werner, welcher aus Breslau war, ich mit dem Auditeur beim Oberförster Kaubitz. Beides waren vortreffliche Leute die bei der letzten Umformung des Staates als Deutsche, von den Pohlen viel hatten erdulden müßen. Meinen alten Oberförster hatte man sogar beschuldigt, der Anführer von 1500 Mann Schwaben zu sein, dießerhalb war er durch ein sehr starkes Cavallerie Detaschement als Arrestant abgeliefert worden man hatte ihn in einen über ihn gehaltenen Kriegsrecht zum Tode verurtheilt und den andern früh 8 Uhr zu Execution bestimmt, allein durch die Verwendung seiner Freunde war er doch als unschuldig erwiesen worden und für dießesmal zwar den Tod jedoch nicht den Versuch ihn seines Postens verlustig zu machen entzogen. Die Herzlichkeit und Biederkeit mit der wir hier aufgenommen wurden hatten wir noch in wenig Quartieren gefunden.

Den 19. April brachen wir früh 8 Uhr wieder auf und legten einen 9 Stunden weiten Marsch bei den äußerst schlechten Weg in 6 Stunden zurück. Wir paßirten das elendeste pohln. Städtchen welches ich je gesehen habe Bzgow, wo fast der größte Theil der Häuser unbewohnt und halb verfallen war. Der Marsch führte uns wieder durch ungeheure Holzungen über Sulsfeld welches eine Colonie und von Hauländern /: dieser Name wird daher derivirt, weil sie Wälder abhauen und urbar machen:/ angebaut ist; mehrentheils sind es Würtemberger, es war wohltuend, den Fleiß, die Industrie und Ordnung zu sehen, mit welcher dieße Leute sich alles erzeugten.

Unser heutiges Quartier war in Brczezin auf dasigen Schloße welches der Gräfin Ogynska gehört, von deßen Gemahl die bekannte Polonaise herrührt. Zwar war die Gräfin selbst nicht hier sondern in Warschau, allein eine gute Freundin, mit ihren Gemahl versahen so wie der hiesige Unterpräfekt Wirthsstellen und wir waren hier abermals sehr gut. Das Rgt. König lag in und bei Rogow, Niesemeuschel in und bei Jelzow, die Artillerie in und bei Bialenyn, das Bat. Brause aber mit in Brczezin. Des Mittags wurde erwähnt daß heute der Jahrestag der Affaire bei Ratzschin[4] so welche vor 3 Jahren war, und der der rechte Flügel des Gren. Bat.[5] mit beiwohnte. Der Präfekt befahl sogleich daß dem Bat. eine doppelte Ration Brandwein gegeben werden müßte. Sämmtliche Offiziere speißten zusammen beim Bürgermeister und wir führten noch unsere aufgehobene Tafel dahin, und daß die von den Präfekten

---

[4] Raszyn
[5] Die Grenadier-Kompanien des Rgt.s König

ausgebrachte Gesundheit auf das Wohl unseres Königs zu trinken. Des Abends waren sämmtliche Offiziere auf dem Schloß und wir brachten einen vergnügten Abend zusammen zu.

Noch spät kam ein Rapport vom Lt. v.Heinz wodurch wir erfuhren daß wir nicht in Rawa stehen bleiben sondern unsere Cantonnirung in und bei Novemiasto bezögen.

Den 20. April brachen wir früh 9 Uhr auf der Präfekt und Königstreue Einwohner begleiteten uns eine Meile Wegs und wir setzten dann den Marsch bei ziemlich guten Weg fort. Die 4 Meilen welche wir heute vor uns hatten waren nicht kleiner als die gestrigen und ob wir schon sehr scharf ritten, so kamen wir doch erst gegen 2 Uhr in Rawa an. Die Grenadiers v.Brause und die Artillerie lagen mit hier, König in Boguslawsky, Niesemeuschel in Lubochnin. Gleich nach unserer Ankunft erhielt der General die Ordre daß die gestern bekannt gemachte Cantonnirung nicht statt findet sondern gleich Rgt.er und Bat.e jenseits der Pilica zu stehen kommen. Das Quartier des Generals blieb Novemiasto. Ich lag heute mit dem Auditeur bei einer Kaufmann Wittwe die 2 schöne Töchter haben sollte; allein da ich mich nicht bemühte sie zu sehen so kann ich über die Sache kein Urtheil fällen. Wir waren hier vor vielen andern noch gut untergebracht. Rawa selbst ist wie die mehrsten pohlnischen Städte ein elendes Nest.

Den 21. April ritten wir früh 9 Uhr ab. In der festen Uiberzeugung den Weg nicht fehlen zu können, nahmen wir die von dem Thor fortführende große Straße. – Nachdem wir wohl 1 ½ Meilen geritten sein mochten hörte die Straße auf und theilte sich in 3 kleine Wege. Jetzt fragten wir nach dem Weg nach Novemiasto, vernahmen aber aus den häßlichen Mund eines alten Juden zu unsern großen Schreck, daß wir nicht nur nicht auf den rechten Weg sondern weiter entfernt von unsern Nachtquartier waren als wir es waren da wir ausritten. Wir haben nämlich die Straße nach Warschau eingeschlagen und befanden uns jetzt 4 Meilen von Novemiasto da wir von Rawa aus nur 3 Meilen hatten. Lange versuchten wir quer Feld ein auf die Straße zu kommen allein des Wegs hier unkundig und der Leute keine die uns zurecht weisen konnten, irrten wir umher und fanden gegen 12 Uhr einen Juden der uns zu recht wieß. Wir ritten sehr scharf kamen endlich auf die Straße und zwar in den Ort wo der Hptm. Rouvroy mit dem Reserve Park stand, von hier aus hatten wir erst 1 Meile von uns Rawa im Rücken und Novemiasto 2 Meilen vor uns. Mein Gen. begann aufs neue scharf zu reiten und gegen 4 Uhr kamen wir in Novomiasto etwas sehr fatiguirt an denn unsre heutige Tour betrug 5 Meilen. Wir hatten gehofft hier einige Erholung für unserer Fatique zu finden allein dieß war nicht der Fall. Heinz erwartete uns schon vor der Stadt und eröffnete uns, daß das hiesige Schloß den pohlnischen Minister Graf Malachowsky gehöre, daß dieser aber ebenfalls selbst nicht da sei auch nicht nur nicht das mindeste zur Aufnahme der hier einquartirten Generals und Officiers angeordnet, sondern sogar verboten habe, den Officiers etwas zu geben. Gen. Gutschmidt der uns hier vorausgegangen war hatte daher befohlen 50 Mann-schaften als Execution dort einzulegen. Wir fanden diese Gesellschaft und sie blieb bis den Tag wo wir wieder abreisten. Unsere Verpflegung erfolgte pr. Requisition und es war schändlich wie sich Seiten der Civilbehörden dieße Gelegenheit zu Nutzen gemacht wurde sie vom Unterthanen zu bedrücken. Mit uns lag 1 Bat. des 2. leichten Rgt.s mit im Ort ich suchte des Abends Schellig und Hptm. Heyneman auf und fand sie beide.

Die Gegend ist hier sehr angenehm der Ort selbst leidlich und hart an der Pilica auf den steilen Ufern daselbst. Das Schloß worinn nur einige Zimmer etwas eingerichtet sind, ist von einer außerordentlicher Größe und hat eine schöne Lage, die Aussicht aus den Speisesaal nach Galizien ist wunderschön. – Wir sollten anfangs hier cantoniren aber eine neue Ordre veränderte das ganze Cantonnement, welches nach derselben jenseits der Piliza war.

Den 22. April früh 10 Uhr begaben wir uns wieder auf den Weg, paßirten die Piliza welche hier schon für Flöße schiffbar ist und betraten Gallicien. Gegend, Cultur, Bauart und alles hat hier ein anderes Ansehen alles ist lachender. Unser Weg bis Przytyk ein kleines Städtchen war 4 Meilen weit. Da wir in diesem uns zum Cantonnement angewiesenen Städtchen kein Unterkommen fanden so war das Quartier für uns in Zamoszek bei einem Grafen regulirt, allein Eßen und Trank abgerechnet war es hier so schlecht, daß bald der Entschluß gefaßt wurde dieses Sejour mit einem anderen zu vertauschen. Heinz der Auditeur und ich hatten hier auf den ganzen Marsch ohnstreitig das schlechteste Unterkommen. Unsere ganze Gesellschaft war müde, daher von allen Seiten Klage bei den Gen. gebracht und ich bewog ihn

den 23. April diesen Ort mit Podgayk welches dicht bei Przytyk /:auch dieser Ort gehört dem Grafen:/ an den Radomskbach liegt und den Graf Kakanowsky /:Corvin Kakanowsky seine Vorfahren waren in 15.Jh. König von Ungarn:/ gehört, zu vertauschen. Früh 9 Uhr ritt ich zu Regulirung des Quartiers dahin und vor 12 Uhr waren wir mit Sack und Pack da. An unseren Wirth so wohl als an seiner Gemahlin fanden wir vortreffliche Leute und unsere Aufnahme und alles war hier sehr gut und man wunderte sich hier nicht über die Art der Aufnahme in Zamoszek.

Die Brigade hatte heute und gestern sehr weitläufige Cantonnements bezogen, der Staab des Gr. Bat. lag in Pernizize, der des Rgt.s König in Sulkustow, der v.Niesemeuschel in Grzmig und der der Artillerie jenseits der Piliza in Novemiasto, jedes Bat. hatte beihnahe an die 15 Dörfer.

Schon freuten wir uns unserer Ruhe nach den zeitherigen fatiquanten Märschen allein unsere Freude ward des Nachmittags schon wieder vereitelt da eine Ordre ein anderes Cantonement zum 25. darinn befahl. Das Hauptquartier befand sich jetzt in Radom Gen. Gutschmidt aber in Kronowek. Von Operation ward uns noch garnichts bekannt der Sage nach hat sich die Ruß. Armee 15 Meilen zurückgezogen und vor sich alles verwüstet, glauben will uns, daß es bald zu etwas Entscheidendem kommen werde. Mangel an Lebensmitteln erfordern auch dieß, da hier schon vermöge Landesbefehls die Haabseeligkeiten ihrer Unterthanen erhalten müßen.

Den 24. April war seit beinahe 3 Wochen der 1.Ruhetag für mich, Er war uns um so willkommener, da wir und in diesen Quartier in jeder Hinsicht sehr wohl befanden. An Zeitvertreib fehlte es uns nicht, theils verschafften unsere etwas zerrütteten Geschäfte uns Unterhaltung, welche aber freilich nicht sehr unterhaltend waren, theils gewährte uns die Gräfin durch ihre Fertigkeit auf der Pianoforte und Billiard, mehr Vergnügen. Mit einem Wort, die Stunden schwanden man wußte nicht wohin nur so angenehm, da wir hier eine seltene Herzlichkeit gegen uns fanden, die so seither selten ward. Ungern verließen wir unser Quartier

den 25. April, wir wußten nicht wohin wir kommen und wie wir es empfinden, allein wir hatten nicht Ursache mit dem Tausch unzufrieden zu sein; nach 2 Uhr Nachmittags hatten wir das 2 Meilen entfernte Städtchen Indlisko erreicht und bald darauf unser neues Quartier Piastow bei Graf Soltyk. Der Staab und 1 Comp. des Bat. Brause hatten hier Nachtquartier, unser Wirth war wieder ein vortrefflicher jovialischer junger Mann, voller Talent und Genie. Wir brachten den heutigen Tag mehr in Gesellschaft unserer Cammeraden als in der unseres Grafen zu. Mit Kaufberg machte ich Bruderschaft und der heutige Abend verging heiter und froh. Nachdem

den 26. April Brause marschirt war invidirte uns der Graf in sein Cabinet und die von ihm bewohnten Zimmer, sie waren nur alle, die wir zeither sahen, zwar sehr klein, aber äußerst geschmackvoll und kostspielig meublirt; der Graf war Virtuose auf der Violin und er gewährte uns wahren Genuß durch sein Spiel; bald darauf zeigte er uns seine Gewehr Kammer, welche wirklich einzig in ihrer Art war. Der größte Theil seiner Gewehre bestand aus Türkischen und Persischen, sie waren alle damascirt und die Schäfte mit Gold, Silber, Edelstein, Elfenbein und Permutter decorirt, alles waren Präsente welche einer seiner Vorfahren der Gesandter am Türkischen Hof gewesen war vom Kaiser erhalten hatte.

Die Tage die wir hier zubringen, können wir angenehme Tage nennen. Die Witterung gestattet seit Kurzem die Freude der wiedererwachenden Natur zu genießen; der Geschäfte sind viel, alle rühren mehrentheils von der unregelmäßigen Verpflegung der Truppen und den schlechten Anstalten hierzu, sehr ernstliche Mittel mußten ergriffen werden der an und für sich neuen Nation noch die letzten Resourcen zu entreißen, die sie für den Hungerstod noch schützen können. Traurig ist es, Scenen mit anzusehen, die dieß nur zu sehr beweisen; das Stroh von den Dächern ist das Einzige, was noch Gelegenheit gibt die Magazine mit etwas zu füllen, doch auch diese Resource wird bald erschöpft werden. Wir für unsere Personen fühlen, da uns das Glück auch dießmal hold war, das Traurige des Landes weniger und wird unser Graf, seinen Unterthanen, nicht so Vater und Versorger, so wieder wie die Klage, ihnen nicht helfen zu können, nicht einmal ersehen.

Die Lage unserer jetzigen Wohnung hat viel reizendes, ein wohlgeordnetes *(nicht zu entziffern)* ist um das Schloß herum geleget, Waldungen von Laub- und Nadelholz schließen sich auf der einen Seite an die dortigen Sümpfe und grüne Auen auf der anderen Seite an das Schloß, alles freut sich der wieder auflebenden Natur. Die Sümpfe sind so wie die Wälder durch eine außerordentliche Anzahl von Nachtigallen und Spatzen belebt, und die Rohrdommel ward für unser Ohr durch ihr dumpfes Hum welches sie gewöhnlich 5mal nach einander hören läßt, zu erst kennbar.

Den 1. May Bis mit den 1. May fiel nichts bemerkenswertes vor; von den Orts Commandanten mußten in allen Cantonnements Untersuchungen über alle vorhandenen

Vorräthe an Lebensmitteln und Fourage angestellt und Verzeichniße darüber eingereicht werden; von der Besitznahme dieser Sachen wurde jedoch nichts befohlen. Des Abends noch spät ging die Ordre zu einer veränderten Delogirung der Brigade ein, welche den 2. erfolgen sollte. Der Zweck derselben war, den links neben uns zu stehen kommenden Westphalen einigen Platz zu machen, sie rückten bis an die Weichsel vor, die Piliza war die Grenze unserer und ihrer Cantonnements. Dort war der rechte Flügel der Westphalen. Mniszew, Benkawice, Grwzezin, Zagroby, Chonielow, Looguke etc. waren die Cantonnements des Gr. Bat. es besetzte somit alle Uibergänge über die Pilica. Das 1. Bat. König kam dicht an die Weichsel zu stehen. Magnusezow, Gurky und mehrere andere Uiberfahrten über die Weichsel besetze ersteres Bat. und das 2. Bat. stand rückwärts in Jedlonko. Das Rgt. Niesemeuschel blieb in seinen Cantonnements, mußte jedoch noch Bialobrzegy , Brzisce und Pokrzywna woselbst Paßagen über die Pilica waren besetzen. Die Artillerie blieb in den zeitherigen Cantonnements, conzentrirte sich jedoch mehr nach Pozetyky.

Den 2. May des späten Eingangs dieser Ordre bei den Rgt.ern wegen konnte die Befolgung derselben erst den 2. Nachmittags geschehen, daher mehrentheils erst des andern Morgens früh 4 Uhr nach ununterbrochenen Marsch eingerückt waren.

Ich war den 2. da das Brig. Quartier dasselbe blieb in Radom welches 1 ½ Stunde von uns liegt. Es ist ein hübsch gebauter Ort nicht ganz unbedeutend und hat eine angenehme Lage für förmlich schweres Geld, da man alles daselbst bekam.

Brachte ein Commando des Bat. Anger 7 Grenadiers von Brause und 1 Dragoner von Albrecht als Arrestanten ins Brigade Quartier. Erstere hatten sich auf dem Mehltransport gegen den Maj. v.Smolinsky aufgelehnt, letzterer hatte einen Excess begangen. Alle wurden dem Brigade Gericht übergeben und zugleich auch die Haltung eines Kriegsrechts über sie anbefohlen.

Den 4. May erhielten die Rgt.r pr. Bat. 30 Stück Schlachtvieh als eisernen Vorrath auch gaben sie das zeither mitgeführte Mehl ab und erhielten dagegen einen 10tägigen Vorrath an Zwieback.

Lt. einem Tagesbefehl d.d. Warschau d. 4. May ward die Armee benachrichtigt, daß der König von Westphalen das Commando über den rechten Flügel der großen Armee übernommen, derselbe besteht aus
dem 5. Armee Corps unter dem Prinzen Poniatowsky
dem 7. Armee Corps unter dem Div. Gen. Gr. Reynier
dem 8. Armee Corps unter dem Div. Gen. Gr. Vandamme
dem 4. Corps d. Cav. Reserve Div. Gen. Gr. Latour Maubourg
der Gr. Marchand Div. Gen. war Chef d. Gen.stabes re. Flügel
der Div. Gen Alix Commandeur sämtl. Artillerie

Den 5. und 6. May hielt der Gen. Reynier in der Gegend von Maynuscow eine große Jagd. Es waren hier zu 200 Mann von König als Treiber gegeben, doch hatte man die Erwartung getäuscht gefunden, außer Hirschen, Rehen und Füchsen hatte man nichts zu sehen bekommen.

Den 7. May erhielt der Gen. des Abends vom Gen. Gutschmidt die Ordre Piastow zu räumen, und sich durch Veranlaßung des Gen. Reynier nach Brzceza zu legen. Eine unerwartetere und unangenehmere Ordre konnten wir bei der Menge unserer jetzige Geschäfte wahrlich nicht bekommen. Zugleich enthielt dieße Ordre die Nachricht daß der Gen. Gutschmidt den 10. in Jedlinsko und den 11. in der Gegend Ryczywol die Brigade in 2 Abtheilungen sehn wolle; der von meinem General gemachte Plan seine Brigade in diesen Tagen zu bereißen mußte also abgeändert werden. Dieser Ordre war zugleich die beigefügt daß der commandirende Gen. den beim Mehltransport commandirt gewesenen Mannschaften den Betrag eines 5tägigen Löhnung als Gratification verabreichen ließ.

Den 8. May rückte früh ein Theil der 2. Div. v.Liebenau in Piastow ein. Capt. Angermann und Lt. Przgrodzky waren die dabei stehenden Officiers. Des Nachmittags besuchte mich mein Bruder und Lt. v.Koppenfels; Lt. Heinz ging früh nach Brzaza ab um dort das Quartier für den Gen. zu regeln.

Den 9.May fiel nichts an.

Den 10. May verließen wir früh 11 Uhr begleitet von unserem Grafen Piastow trafen bei Jedlinsko mit der Battr. Bonniot, den Artillerie Divisions Park, den 2. Bat. König und den Rgt. v.Niesemeuschel zugleich ein. Um 1 Uhr kam der Gen. Gutschmidt. Er paßirte die Front, ließ nachher einige Bewegungen machen und die Truppen defiliren, alles erlangte seine Zufriedenheit. Er setzte von hier den Weg nach Piastow fort wo er heute übernachtete, wir über Lissow, wo selbst wir eine Stunde beim dasigen Edelmann den Wirth des Maj. v.Wolframsdorff einrückten und uns sowohl an seinen Dejeunée ergötzen als mit seiner Tochter, welches ein sehr hübsches Mädchen war, unterhielten.; unsere Tour nach Brzoza, unser neues Brigade Quartier, war noch 4 Stunden, der Weg führte durch schöne Waldungen, in den uns besonders eine Menge Sproßer ergötzten; kurz vor Brzoza paßirten fast ganz nahe das an dem Radomskbach gelegene Städtchen Glowaczow (Elendsnest).

Die Entrée in Brzoza versprach viel, da ein so hübsch gebautes wohlgeordnetes und reinliches Dorf wie Brzoza war, hatten wir noch nicht gesehen, mehr glich es den franz. Bivouac am Spiz als einen pohlnischen Dorf. Die zwar kleinen aber nett gebauten Häuser führten in zwei Reihen vor denen Bäume in gibelartigen Körben standen zu den Schloß, welches aber freilich nur ein schönes Äußeres enthielt, denn innewendig ist es leer verfallen und unbewohnbar. Der Besitzer dieses Schloßes ist ein gewesener pohlnischer General Graf Ozasowsky, er hatte bei der Wiederherstellung Pohlens ein Rgt. auf eigne Kosten errichtet, selbiges jedoch, wie die Fama sagt, sehr bald wieder verlaßen, nach dem es die Ordre zu den Marsch nach Spanien erhalten hatte. Hierüber war er zur Verantwortung gezogen und außer Dienst gesetzt worden. Er lebt jetzt hier und zwar in einem der 6 den Hof umschließenden Pavillons, den 2. occupirten wir, den 3. die Wache. An unsern Wirth lernten wir einen äußerst mißmuthigen und fast möchte man sagen menschenfeindlichen Mann kennen, der stets seine Armuth schildern wollte ob schon alles dagegen sprach. Er hatte einen Garten wie wir ihn seit Sachsen noch nicht wieder sehen, ein vortreffliches Gemüse Treibhaus und einen Thiergarten in den insbesondere 3 Hirsche und 3 Hirschkühe wovon eine so zahm war, daß sie uns aus der Hand fraß, sehr divertirt. Seine Gesellschaft allein würde uns höchst lästig gewesen sein, allein da der Staab des Rgt.s König hier mit lag, so gewährte die Unterhaltung des Grafen den Maj. Bevilaqua besonders sehr viel Stoff zu launigen Unterhaltungen.

Den 11. May ritt der Gen. fort in Begleitung von Heinzen zu der Revue, ich blieb zu Hause und freute mich einmal eines Ruhetags in jeder Hinsicht. Den 1. und schönen freien Morgen wollte ich genießen, allein er ward durch ein heftiges Gewitter vereitelt.

Den 12. May fiel nichts an.

Den 13. May fuhr ich früh 4 Uhr in Gesellschaft des Mj. Bevilaqua nach Radom, der 3 Meilen starke Weg dahin gewährte uns viel Vergnügen indes er unaufhörlich durch die schönsten Waldungen führte, alle Arten Bäume wechselten darin ab und das 1. Wild seit wir Pohlen betraten sahen wir hier. Die Gesellschaft in der ich reißte trug sehr zu Verkürzung des Tages bei. Des Abends feierten wir bei einem Glas Punsch des Maj. Bevilaquas Geburtstag.

Den 14. May vertauschte ich meinen mir zeither so viele Sorgen zuziehenden Rothschimmel, mit einen den hiesigen Creiße gehörigen Braunen, ob zwar schon in Hinsicht der Bezahlung der Handel für mich nicht advantageus war, so war er es doch in einem, weil ich ein lahmes Vieh vielleicht hätte bewegen müßen, stehen ließ. Ich gab also zu, und dankte Gott meiner zeitherigen Sorge überhoben zu sein.

Den 15. May ging in Abwesenheit des Gen. der das Gren. Bat. Brause revidirte die Ordre zu einer Revue ein, welche der Gen. Reynier den 18. d.M. in der Gegend von Ryzywol 4 Stunden von hier nach der Weichsel zu über die Brigade halten wollte, zu dem Ende soll das Gren.B. Brause die 2 Bat. König und das Rgt. v.Niesemeuschel, den 17. aus ihren Quartieren aufbrechen, ersteres in die Gegend Magnuschow und Ryzywol, das 2. zu den 1. Bat. König und letzteres das Rgt. v. Niesemeuschel zwischen Glowazow und Magnuschow rücken. Der Ordre zu dieser Revue war ein unterm 11.d. vom Gen. Reynier gegebener Tagesbefehl beigefügt, welcher in den schmeichelhaftesten Ausdrücken seine Zufriedenheit über die Truppen welche er bereits revidirt hatte zu erkennen gab. Die Rgt.er erhielten heute einen 10tägigen eisernen Vorrath an Salz, Brandwein und einen 2tägigen an Gemüse.

Von etwas Entscheidendem hörte man immer noch nichts, die Vorkehrungen zu einer regelmäßigen Verpflegung der Truppen war nun ziemlich getroffen und obschon die Aussichten zu der Ausdauer der Vivres eben nicht die beßten sind, so steht doch zu erwarten daß wir unter unsern jetzigen Commando gewiß die letzten sind die da Verhungern könnten.

Zu den Bau der Brücken über die Piliza sowohl als der Weichsel sind alle Zimmerleute des Corps commandirt die unsrigen befinden sich in der Gegend Gora bei Pulawi, wie man hört, sind der größte Theil dieser Brücken schon beendigt, allein viele auch wieder abgetragen und an anderen Orten angefangen worden. – Soll dies Demonstation sein oder was? – Noch soll die Negotiation zwischen den einander die Tete bietenden Mächten sehr stark gehen. Aus diesem Grund sind daher auch die Meinungen über Krieg und Frieden sehr getheilt, hört man aber Etwas von den Bedingungen so bleibt wohl an den ersteren kein Zweifel.

Den 16. May fuhr ich früh 8 Uhr mit meinem Gen. und dem Maj. Bevilaqua nach Ryzywol in der Absicht in dasiger Gegend einen Exerzierplatz für die Brigade zu bestimmen. Wir fanden ihn aber freilich nicht nach Wunsch sondern auf einer großen beheuten Plaine, hart an der Weichsel über Ryzywol. Abermals sah ich die Weichselgestade, doch in einer Gegend wo ich sie noch nicht sah. Ich kann nicht bergen, daß mir der Wiederanblick dieses Flußes so allerhand Ideen einflößte. Da ich diesen Fluß bei Warschau, Thorn und Danzig schon fließen sahe, so hätte ich ihn hier /:die Radom fiel hier in die Weichsel:/ beinahe nicht erkannt, so schnell reiste er hier. Mittags 12 Uhr kamen wir wieder zurück, und alles entetirte sich darauf, unsern verhassten Graf Bitterkeit zu sagen, daß wir auch alles nachmachen konnten, daß es sein fester Vorsatz war, uns so schlecht als möglich aufzunehmen. Verschiedene kleine Begebenheiten bestätigten uns die Charakterschilderungen die wir früher von ihm gehört hatten.

Den 17. May harrten wir den ganzen Tag hindurch auf die Ordre, welche die Stunde der Revue zu morgen bestimmen sollte; allein sie kam nicht, solche ging aber ein, welche bekannt machte, daß Se. Maj. der König bei jeder Brigade einen Feldprediger mit 30 Thlr. Gehalt anzustellen befohlen habe; der Ungewissheit halber ward das Rendezvous von meinem General zu früh 9 Uhr bei Ryzywol bestimmt.

Den 18. May brachen wir früh 4 Uhr aus Bozusa zu der Revue auf, Heinz und ich fuhren hier zu Schonung unserer Pferde gleich nach unserer Abfahrt hatte mein General die bestimmte Ordre zur Stunde der Revue erhalten. Gegen 8 Uhr trafen wir, gegen 9 Uhr die Rgt.er und gegen 1 Uhr Mittags Gen. Reynier auf dem Platz ein. Die Disposition, welche mein Gen. zum Exerziren entworfen hatte sollte zwar anfangs executirt werden, allein es auch sehr bedauernd abgewiesen, es ward nachdem er die Linie paßirt hatte in ein neues Allignement gerückt, 2 Treffen formirt, avancirt, retirirt, in Treffen durchziehen, Bajonett Attaque, in die linke Flanque rückwärts gesetzt und zugleich beide Treffen in sich aufmarschirt, eine geschloßene Colonne formirt aus selbiger in zwey Divisionen aufmarschirt und defilirt. Gen. Reynier bewieß seine vollkommene Zufriedenheit, und jeder Mann erhielt eine

Ration Brandwein als Gratification. Auf dem Platz ward sogleich eine Delogirungsveränderung anbefohlen welche beabsichtigte die Brigade mehr nach der Weichsel zu concentriren, da die 2.Brigade solche schon paßirt hatte. Zwar rückte früh alles wieder in die heute verlaßnen Nachtquartiere ein, doch bezogen die Rgt.er folgende Quartiere

den 19 May:
<u>Rgt. König:</u> Staab nach Swirzegoroe, Magnusz, Ryzywol und alle dabei gelegenen Dörfer
<u>Rgt. Niesemeuschel:</u> Glowaczow, Koczenice, Wilskowice, Bobrowsky, Marianow, Stanislavice und alle in diesem Bezirk gelegenen Orte, Stab nach Meida
<u>Artillerie:</u> ging heute bis in die Gegend Jedlinsko, und den 20. Mit dem Rgt. Niesemeuschel zusammen in und zwischen Glowaczow, Gorinskawota, Lukawa und Wierzowice.
In Bozuza rückte ein Theil der 2.Comp. v.Niesemeuschel unter dem P.Lt. Glaser und die Rgt.s Artillerie ein.
Das <u>Gren. Bat. Brause</u> behielt sein Quartier.

Am Abend hatten wir noch in unsern Quartier den seltenen Fall, daß da kein Licht mehr im Hause war, man uns zu unsrer Expedition die Kerzen aus der Kirche holen ließ und zwar vom Altar weg!

Den 20. May rückte die Artillerie der Brigade in die hiesige Gegend ein. Des Abends besuchte ich Hirschen der in Glowaczow stand. Heute began die Spezial Inquisition über die inhaftirten Grenadiers von Brause. Unterm 19. erließ der Gen. Reynier einen äußerst schmeichelhaftenTagesbefehl ins Corps worinn er über den Zustand der Truppen, in welcher er sie bei der jetzigen Revue gefunden hatte, seine höchste Zufriedenheit zu erkennen gab, und unter andern bediente er sich des Ausdrucks: Er habe die Truppen in einem Grad der Vollkommenheit gefunden der wenig zu wünschen mehr übrig laße. Den 19. erging ein Tagesbefehl in die Armee, worinn der G.Lt. v. Le Coq die Bestrafung einiger Soldaten über begangene Excesse derselben bekannt machte.

Den 22. May ward Kriegsrecht über die 6 Grenadiers von Brause gehalten, die sich des Maj. Smolinsky opponirt hatten. Das Kriegsrecht bestand aus dem Maj. v.Schlieben, Kapt. Kyaw und v.Brochowsky, P.Lt. Glaser, v.Low, S.Lt. v.Nostitz und Buschbek. Den Gren. Kurth als den Sprecher des Ganzen ward die Kugel vor den Kopf, den übrigen jeden 20mal Gasselaufen durch 200 Mann zuerkannt. Die Akte wurde eingesendet und eine Folge wird lehren in weßen das Kriegs Recht executirt werden wird. Zu meiner großen Freude erhielt ich heute den längst erwarteten Sächs. Tabak unerwartet allein 2 Pfd. Höroladen(?) von meiner Mutter, die ich mit Bruder Ernst sogleich theilte. Capt. Bonniot, Lt. Hirsch die uns sehr nahe standen besuchten uns noch am Abend.

Den 23. May reißte mein General früh nach Radom und kehrte erst spät am Abend zurück. Auf dem Weg ward er durch ein Detaschement von Niesemeuschel von den 6 Comp. überrascht, als er durch das Dorf fuhr, woselbst es stand, man hatte ihm nämlich Triumphbögen errichtet und mit einem Vivat empfangen und begleitet. Er brachte uns die Nachricht mit, daß die große Armee in 3 Haupttheile formirt sei, rechter Flügel der König von Westphalen, Centrum der König von Italien, linker Flügel Marschall Davout. Die ganze Cavallerie Reserve wurde von dem Prinz Murat, König von Neapel, commandirt.

Den 24. May ward der Brigade durch einen Tagesbefehl vom 22.d. die höchste Zufriedenheit des Gen. Reynier bekannt gemacht, welche er bei der Revue beachtete. Zugleich erhielten wir eine Ordre daß den Oberst v.Brochowsky und v.Gablenz verstattet wurde ins Land zurück zu kehren, da sie beide um ihren Abschied ersucht haben. Das einstweilige Commando des Rgt.s Pr. Friedrich wurde dem ObLt. v.Ryßel das des Rgt.s Anton dem ObLt. v.Stutterheim übertragen.

Den 25. May kam gegen Abend ganz unerwartet der Graf Soltik zu uns, und besuchte uns; beiderseits freuten wir uns herzlich einander wieder zu sehen. Er lud uns ein Tags darauf zu ihn zu kommen und Zeuge seines häuslichen Glücks zu werden da er jetzt seine Gemahlin gefunden und wohl wieder bei sich habe.

Den 26. May fuhren wir früh ½ 9 Uhr dahin und langten ob des schlechten Führers erst gegen ½ 1 Uhr dort an. Jetzt fanden wir nun freilich alles in einem anderen Zustand, als wie wir dort waren, die größte Ordnung und die schönste Reinlichkeit war wieder hierher gekehrt, die Gräfin selbst eine sehr angenehme junge Dame unterhielt uns nach der Mittagstafel äußerst angenehm durch ihr musikalisches Talent, der Graf accompagnirte mit der Violine und beide sangen. Dieß war für uns, die wir eine weibliche schöne Stimmlage lange nicht gehört hatten ein meherer Genuß. Vergnügt und froh schieden wir von diesem glücklichen Paar gegen 5 Uhr. Der Bruder des Grafen lieh uns eine seiner Equipagen welche aus einer leichten Pritzschke und 3 derben flüchtigen Roßen bestand bis Gerinska wohl ⅔ des Wegs fahren legte eine 2 Stunden weiten Weg in nicht ganz 1 ½ Stunden zurück und fuhren dann mit unseren elenden Konkchens 4 an der Zahl wieder schnell bis Brzoza, hier hatte unsere Tour so wie die Kräfte der unserer Pferde ein Ende, das eine Vieh wankte von einer zur andern Seite der Auditeur voll Mitleid sprang ab, um es ihm etwas zu erleichtern. Bei unserer Rückkunft fanden wir 2 Ordres wovon die eine ein Avertissement enthält, daß in diesen Tagen die Armee die Revue für Se. Maj. den König von Westphalen paßiren soll und das zu den Ende die Rgt.er nach Kosczewice und Gniewaszow zu concentriren sollten. Die andre setzte fest, daß zur Zeichnung der Ordres künftig alle paßenten Briefe 2 mal mehr paßento 3mal besiegelt werden sollten.

Den 27. – 29. May nichts veränderliches.

Den 30. May ritt ich früh 6 Uhr in Gesellschaft des Lt. Oertel von der Artillerie nach Kosczewice wohin alle Adjutants der Division beordert waren um dort den Revueplatz angewiesen zu erhalten. Wir fanden bei unsrer Ankunft den Maj. Stünzner an den wir gewiesen waren, nicht, harrten in der Ungewißheit, da wir hörten daß alles sich bereits geändert haben würde, machten den Dejeunér bei Gen. Reynier, der selbst nicht zu Hause war, sondern einen Revueplatz b. Gniewaszow aussuchte und waren nachmittags 3 Uhr schon halb entschloßen sämtl. wieder nach Hause zu reiten, doch in denselben Augenblick traf eine Ordre an meinen General ein, welche ich, da ich daraus alles zu ersehen glaubte was uns jetzt zu wißen nöthig war, erbrach. Sie enthielt wirklich die ganzen Anordnungen zur Revue welche über die ganze Armee nun den 1. Juny bei Gniewaszow anbefohlen wurde. Die Delogirung für den 31. May war den Rgt.ern vorgeschrieben. Nachdem ich den Befehl an die Adjutanten ausgegeben hatte, ritt ich nach Brzoza zurück um meinen Gen. hiervon zu unterrichten.

Den 31. May fuhr ich früh 9 Uhr, nachdem wir 2 Stunden vergebens auf einen Wagen gewartet hatten und endlich durch die Gefälligkeit der Familie in Bobrowniki einen geborgt erhielten, mit meinem Gen. von Kosczenice nach Siecichow, welches ihm als Nacht Quartier angewiesen war. Heinz war bereits früher voraus gegangen um bei Gniewaczow den Revueplatz schon mähen zu laßen. In Koczenice wurden wir zum Dejeunér b. Gen. Reynier invidirt. Gegen 4 Uhr kamen wir nach Sicichow. Unser Quartier war mit dem Stab des Rgt.s Niesemeuschel beim Geistlichen des Orts, in welchem überdieß noch das ganze 1.Bat. dieses Rgt.s und die ganze Artillerie der Division unter Maj. Auenmüller lag. Das Unterkommen war daher sehr beschränkt und es bivouacirte fast alles. Gleich bei unserer Ankunft ertrank ein Train-Soldat der in die Schwemme geritten war. Die Disposition zu den morgenden Manöver erhielten wir durch Heinzen.

———

Disposition
zur Revue Sr. Majestät dem König von Westfalen
am 1sten Juny

Beyde Division stehen in einer Linie aufmarschirt en Parade vom rechten Flügel und zwar in folgender Ordnung:

1.Fußbatterie   Brigade Nostitz
                         Brigade Steindel
                         Brigade Klengel
                         Brigade Sahr   Grenadier-Bataillon
Anger auf dem rechten Flügel, dass zweyte leichte Infanterie Regiment auf dem linken Flügel, 3te Fußbatterie

Anmerkung bei der Linien Infanterie befindet sich das Geschütz, auf dem rechten Flügel jeden Regiments.

Wenn Sr. Majestät der König die Linie paßirt haben wird

1) Avancirt und zwar soviel als es das Teraing erlaubt; daß 2te Bataillon Prinz Clemens hat die Direction. Nach Halt mit Bataillon chargirt zweymal und hierauf Richtung nach dem Directions Bataillon.

2) Es werden vier Treffen formirt, rechts um kehrt und Schwenkung rechts nach der 8ten halben Division des zweyten Bataillons Prinz Clemens, und nach der 8ten halben Division des Grenadier Bataillon Spiegel. Das 1 Bat. des ersten leichten Infanterie Regiments marschirt rückwärts ab, es depentirt sich rechts und links der Batterie so daß das Fortertreffen gedreht ist. Das 2te Bataillon dieses Regiments marschirt links vorwärts ab, und zieht sich am Saume des Holzes links der Batterie fort, es postirt sich divisionsweise mit kleinen Intervallen, Tirailleurs gehen mit der Batterie vor, auch können von dem zweyten Bataillon kleine Trupps als Tirailleurs links der Batterie vorgeschickt werden. Das zweyte leichte Regiment setzt sich hinter die Mitte des zweyten Treffens. Wenn das erste Treffen, die Stellung ziemlich erreicht hat gehen die Schützen schnell en depantat durch die Treffen durch, und formiren sich erst hinter dem zweyten leichten

Regiment. Das erste Treffen Halt, Rottenfeuer, wenn das zweyte fast bis an das erste herangerückt ist, zieht sich letzteres mit halben Division durch, das zweyte Bataillon vom ersten leichten Regiment, bleibt in seiner Stellung mit vor geschickten Tirailleurs. Das zweyte Treffen rückt im Geschwindschritt vor, und wenn es demaskirt Gewehr zur Seite rechts und jenseits der ersten Stellung den Bajonettangriff.

Mittlerweile geht der rechte Flügel des ersten Bataillons und der linke Flügel des 2n Batl. vom zweyten leichten Regiment in die ausgedehnte Ordnung über, um nach vollbrachten Bajonettangriff durch die Linie schnell durch zu gehen und den Feind zu verfolgen. Der übrige Theil des zweyten leichten Regiments folgt en Reserve in geschloßener Ordnung nach; wenn diese lezteren Tirailleur durch das zweyte Treffen durch sind, retterirt dieses, und zieht sich durch das Vorrücken des ersten Treffen durch.

Das zweyte leichte Regiment ruft seine Tirailleurs zurück, und zieht sich durch alle Treffen durch, und mit demselben die Batterie.

Die beyden Haupttreffen, suchen den vorigen Platz zu erreichen; bei den Treffen Manöver hat das erste Bataillon Friedrich und das erste Niesemeuschel Direction. Das zweyte Bataillon des ersten leichten Regiments zieht sich an das ertse Bataillon heran, wenn das zweyte leichte Regiment vor rückt.

Es ist wahrscheinlich, dass nach Beendigung dieser Bewegungen Sr. Majestät der König entweder mit Ganzen oder von einigen Regimentern Detail exerziren laßen werden.

Nach Beendigung des Ganzen, wird auf eine noch zu bestimmende Art ein mit ganzen Division weise geschlossene Colonne vormirt, und mit ganzen Division vorbey marschirt.

Bis auf weiteres werden ein für allemal die Schützen im 3n Gliede auf dem linken Flügel jeder ½ Division gestellt, sie werden bei dem Aufstellen der Comp. als ein viertes Glied aufgestellt, und von den Schützen Unterofficier visitirt, und von dem Capitain der Compagnie in Züge eingetheilt, so treten sie in die Compagnie ein. No. 1 bis 6 stehen im 3n Glied der 1n ½ Division und No. 7 – 12 im 3n Glied der 2n ½ Division. No. 1 und 7 sind auf dem 1 Flügel und No. 6 – 12 auf dem 1 Flügel des Schützen Gliedes. Diese Formirung erleichtert das Vorrücken und Aufstellen in ausgedehnter Ordnung.

Die Grenadier Bat. Anger und Spiegel geben 1 Capitain 2 Officier und 80 Gemeine den 1.Juny auf Wache nach Koczenica. Sie müßen Vormittags 11 Uhr dort eintreffen.

1 Officier von der Division Gutschmidt erwartet Sr. Majestät der König von Westpfalen an der Brücke von Boreck.

————

Den 1. Juny standen beide Infanterie Div. und die sächs. Fußartillerie früh 7 Uhr en ligne ohnweit Gniewaszow. Das Adjustement war mustermäßig, doch hatten Unteroffz. und Gemeine weise Pantalons und weise Gamaschen. Die Armee stand in einer Linie die Brigade Nostitz auf dem rechten Flügel dann Steindel dann Klengel dann Sahr, die Equipage des Corps hinter der Front. Gegen 9 Uhr kam der König mit einer sehr großen Suite, paßirte die Front, dann wurde von der 2. Div. avancirt, die 1. zog sich indeß hinter die 2. letztere zog sich in Retirade durch, machte Halt, beim Fuß und lagerte, indeß die 1. mehrere Bewegungen Bataillonsweise machte. Bisher hatte das Wetter sich leidlich gehalten; allein plötzlich schwand aller Glanz, denn es fing außerordentlich an zu gießen. Wir formirten nun geschloßene Colonnen und marschirten mit selbigen Divisionsweise ab, um bei den König vorbei zu defiliren, die Majestät sowohl als wir alle waren zum Auswringen durchnässt. Nach beendigter Revue ward der Befehl ausgegeben, welcher nur eine neue Delogirung für den heutigen und morgenden Tag enthielt. Die Brigaden Steindel und Nostitz bleiben dießseits der Weichsel, Sahr paßirt selbige noch heute und rückt in die Gegend von Pulawi ein Lustschloß des Fürsten Ponaitowsky, von der Brigade meines Generals kam das Rgt. König und Niesemeuschel wieder in die heute verlaßenen Quartiere, das Bat. Brause rückt in das an der Schiffbrücke bei Borek stehende Baraquen Lager. Ich parsouadlirte meinen Gen., vielleicht aus nicht ganz uneigner Absicht für diese Nacht nicht wieder in sein heute verlaßenes Quartier zurück zu kehren, sondern in dem Kloster der Benedictiner zu übernachten welches heute von aller Einquartierung frei war. Der Vorschlag ward angenommen, vor das Kloster vorgefahren und sich ohne Umstände einquartirt. Zu meiner großen Freude fand ich hier meinen Bruder Louis. Wir brachten den Rest des Tages vergnügt zu, und nur der Gedanke durch die Unvorsichtigkeit meines Purschen meine liebste Tabakspfeife, welche ich 1808 von meiner Mutter geschenkt erhielt, verlohren zu haben war das, was mich im meinem Hochsinn stöhrte.

An den Probst des Klosters, so wie an den übrigen Mönchen lernten wir sehr aufgeklärte Menschen kennen, welches aber auch freilich von uns um so eher zu erwarten war, da ihr Orden sehr wenig streng ist. In den hiesigen Klostergarten gewährte uns ein zahmer Wolf viel Spaß, sein tägliches Geschäft war, den Bratspieß in der Küche zu drehen, welches er mit vieler Bereitwilligkeit verrichtete.

Den 2. Juny räumten wir hier das Feld um dem Haupt Quartier des Gen.Lt. LeCoq hier Platz zu machen. Nach eingenommenen Dejeuner brachen wir früh 11 Uhr von hier auf, paßirten nach 2 Stunden Wegs bei Borek die Weichsel vermöge einer Schiffbrücke, die unter der Leitung meines Bruders mit einem tête du pont, an dem täglich 400 Mann arbeiteten, verschanzt wurde, eine 2. Schiffbrücke paßirten wir über die Wiperz ½ Stunde davon. Die Weichsel hat hier schon eine bedeutende Breite, daß Baraquen Lager war so schön eingerichtet, als man es nur immer verlangen kann. Unser heutiges Unterkommens Quartier war mit dem Stabe des Rgt.s König zusammen in Delin b. Modrzyce auf dem Schloß der Gräfin Miniczew; die Besitzerin war selbst nicht da, hatte aber zugleichermaßen ihrer Einquartierung, gemeßene Befehle zurückgelaßen. Ungemein angenehm war der hiesige Aufenthalt. Das Schloß war eines der schönsten Gebäude so ich jeh sah, ganz in den erhabenen Styl der Baukunst sehr groß mit Dorischer Säulen-Ordnung und gewiß ganz Schlesien. Die innere Einrichtung von der wir alles benutzen konnten, war nicht minder prachtvoll. Ein himmlischer Park im engl. Geschmack umgab das Schloß von beiden Seiten. Das schönste Spatzenconcert das wir in Pohlen je hören konnten, weckte uns früh morgens durch ihren Gesang; alles dieß, so wie der gute Wille der Leute im Haus war ohnstreitig Ursache dafür daß wir dießes Quartier das beste nennen was wir je hatten. Abends unterhielten uns die Hautboisten von König dadurch sehr angenehm, daß sie in der Entfernung ein kleines Horn Concert aufführten, welches sich in den reizenden Park, wo so verschiedener Eifer war, sehr vortrefflich ausnahm.

Den 3. Juny erhielten wir eine Ordre des Gen.Lt. v.Gutschmidt, worin derselbe seine Zufriedenheit über die Truppen bei der Revue bezeigte, den Ob. Vogel jedoch wegen einiger dabei gemachter Fehler auf 24 Stunden arretiren ließ. Einer von uns erhielt von dem Gen. den Auftrag nach Baranow woselbst der Stab von Niesemeuschel stand, zu gehen um ihm den Degen abzunehmen; wir ließen das Loos entscheiden und Heintzen traf es den Degen zu holen, mich aber ihn tags darauf wieder dahin zu bringen.

Man glaubte nicht das die hier bezogene Cantonnirung von so kurzer Dauer sein würde; es wurden daher theils wegen der in der Nähe stehenden Westphalen, theils anderer Ursachen täglich Delogierungen vorgenommen. Das Haupt Quartier des Gen. Reynier war in Kosczenice Gen. Lecoq in Siecichow Gen. Gutschmidt in Pulawi die Artillerie der 2.Div. lag in Galob, gefaßt wurde in Pulawi.

Den 4. Juny ich fuhr früh 6 Uhr über Bobroniki nach Baranow, um Ob.V. den Degen wieder zu überbringen meine Hinreise welche eines genommenen Umweges des scharfen

Fahrens ungerechnet doch 4 Stunden dauerte war angenehmer als die Rückreise, wo ich die ödeste Sandgegend paßirte bei dieser Gelegenheit hatte ich eine eigene Erfahrung. Unmöglich war es mir mich der ich ohne Tabakspfeife so ganz allein mir überlaßen war, des Schlafs zu erwehren. Kaum konnte ich mich 5 Minuten lang dieser menschlichen Schwäche gewiß gegeben haben so sehe ich mich im Traum in der Mitte meiner Familie auf einer großen freien Sandplaine unter einer der schönsten Weiden stehen welche nur denkbar ist, alle standen wir da und freuten uns über das zunehmende Grünen dieses Baumes, und zwar ich so lebhaft, daß ich plötzlich erwachte und ich mich umsahe ob nicht alles wirklich so sei. Nie frappirte mich ein Traum aber dieser.

Das Rgt. König gab heute 200 Mann Arbeiter zum tete de pont. Auch ging die Ordre ein, das linke Wiperz Ufer zu räumen, es hatte dieß jedoch nur auf einzelne Theile der Brigade Anwendung, indes der größte Theil derselben schon auf dem rechten Ufer lag. Niesemeuschel der Staab kam nach Drzonobzow welches ich heute paßirt hatte.

NB. Die Abstrafung der 7 Grenadiere über welche Kriegsrecht gehalten worden war erfolgte heute, doch sehr gelinderter maßen. Kurth als Rädelsführer ward mit 16 und jeder der übrigen mit 12 maligen Gaßelaufen bestraft.

Den 5. Juny ritt ich in Gesellschaft eines jungen Mannes Namens Selhorst, ein Hannoveraner, den wir hier trafen und den mir mein Bruder anempfohlen nach der Schiffbrücke um dort meinen Bruder Louis aufzusuchen. Ich fand ihn hier so in Geschäften daß ich ihn nur sehen aber nicht sprechen konnte; von ihm erfuhr ich daß morgen unser Corps die hiesige Gegend räumen und den Oestreichern überlaßen müße, die Ursache hierzu sollte die sein, daß die Rußen Warschau vis a vis sich sehr concentrirt hätten. Die Schanze war bereits eingestellt und die Schiffbrücke wurde Tags darauf abgebrochen, Magazin und alles ist gewesen. Ich eilte der etwa eingehenden Ordres wieder nach Hause und fand sehr viel zu thun. Die Ordres enthielten ohngefähr folgendes: die 1.Div. rückt nach Warschau, die 2. geht am rechten Ufer fort bis in die Gegend von Warschau, die Rgt.er versehen sich sogleich mit einem 5tägigen Brod und Fourage und einem 8tägigen Fleisch Brandwein und Gemüse vorrath, in Kosczemice und Solce werden kleine Depots errichtet wohin die Rgt.er alles senden so, daß sie nur Verpflegung mit sich zu führen haben. Sehr leid that es uns, den sehr schönen Aufenthalt hier so schnell verlaßen zu müßen, da alles selbst die Ställe magnifique war. Abends, eben als wir im Begriff waren das letzte Noturno hier zu sein, kam mein alter Taucher, welcher die Quartiere für das Bat. Spiegel und den Gen. Sahr regulirte, recht innig freute ich mich ihn als meinen wahren Freund nur mal ein Stündchen sprechen zu können.

Den 6. Juny brach der Stab von König früh 5 Uhr, wir um 6 Uhr auf, trafen gegen 8 Uhr auf dem Rendezvous des Rgt.s bei Stenzica ein und setzten da den Marsch längst der Weichsel in eine eben nicht einladende Gegend fort. Wenig Holz maß uns den Schatten kärglich zu. In Pawlowice trafen wir den hier übernachtenden Maj. v.Brause der von seinen Batl. den linken Flügel zu bewachen und Escorte der Schiffbrücke hatte zurücklaßen müssen. Mein General nahm die Offerte seines Wirths, die in einer Taße Essen bestand an, und dießes veranlaßte uns hier zu einem Halt. – Nach 1 Uhr kamen wir in unser Nachtquartier welches wieder einzig in seiner Art war. Potzamce bei Macieowice einem Grafen Samoisky dem reichsten Mann der Gegend gehörig, war ein lieber Ort. /:der Staab v.Niesemeuschel lag in Korednika, der der Artillerie in Macieowice:/ Alles war hier in einer anderen Art schön die Bauart im engl.Geschmack, wir occupirten die Zimmer so vor kurzen noch der König von Westphalen inne gehabt hatte. Mein Zimmer war klein aber so, wie ich es mir immer wünschen möchte, elegant aber nicht überladen möblirt, ein Balkon der mit blühenden Akazien umgeben war, gestattete mir, das angenehme der Gegend gleich von der Stube aus zu genießen. Wir lagen wieder mit dem Staab des Rgt.s König und hatten hier das auch alles sehr gut arrangirt war, wieder eine äußerst angenehme Sejour. /:Lt. Craushaar hatte vor unserer Ankunft schon eine förmliche Wagenburg vor Warschau auffahren laßen da all die alte Konnerte entlaßen ward. Lt. Taucher traf abermals wieder als Quartiermacher und die zur Regulierung der Quartiere der Brigade commandirten Offiziere Gößnitz und Hille trafen noch spät hier bei uns ein um in die Gegend von Karzew zu gehen:/ Unsere Pferde befanden sich auch ganz vorzüglich gut, denn sie gestanden noch nie aus modernerer Krippe gefreßen zu haben.

Schon vor 2 Tagen hatten wir erfahren daß der Gen. v.Gutschmidt tödlich krank in Pulawi sich befinde; ehe wir aber noch dieses Quartier verließen, vernahmen wir mit ungemeinem Schmerz daß es keinen Zweifel unterworfen sei, daß er vielleicht in wenig Stunden sterben werde. Welcher Verlust für uns, einen Commandeur zu verliehren, der ganz das Vertrauen seiner Obern sowohl als seiner Untergebenen hat, und für letztere ohne Rücksicht väterlich sorgte. Ob ich schon nur in näherer Verbindung mit ihm stand, so konnte ich doch mit der stillsten Wehmuth bei der Nachricht seines nahen Todes nicht erreichen.

Den 7. Juny verließen wir früh 6 Uhr unser Paradies artiges Nachtquartier, standen einen ziemlich hohen Grad an Hitze auf dem Marsch aus, welche durch den außerordentlichen Sand, so wir paßirten nur noch unerträglicher wurde. In Domaszow einem Ort an der Straße führte uns der Zufall, zu dem Mann, der gestern als Commißair des Grafen Samoisky unseres Wirthsstelle vertreten hatte, er ging nicht ab, wir mußten bei seiner Familie /:Polkowsky:/ ein frugales Frühstück ein-nehmen. Nachdem wir uns an einigen Gläsern Porter Bier weidlich gelabt und ich während dem, eine ganze Canaris Ente wo da mehr denn 30 junge Vögel waren kräftig gefuttert hatten, setzten wir unseren Marsch weiter fort, und trafen längst des rechten Weichselufers, welches hier sehr flach ist, nach 12 Uhr in Wiglia ein. Unser Wirth stammte aus engl. Blut und hieß Herzog; er hatte meinen General schon früher, als dieser das in Mnisozow stehende Gren. Bat. Brause revidirte, bei seinem Bruder kennengelernt und wir fanden an ihm einen sehr guten gastfreundlichen Mann, der Wittwer war und nur mit seinem erwachsenen Sohn hier lebte. Die Quartiermacher der Rgt.er waren sind früh noch nicht abgegangen, da sie auf Nachricht des Lt. Gössnitz warten mußten, als plötzlich die ganze bereits entworfenen Delogirung durch eine Ordre des Gen. Reynier /:Rtm. Schwerdtner überbrachte diese Ordre:/ sich änderte, dem zufolge sollte der Gen. nach Mledz Kawola, König nach Dzechezeniec, Ruda, Mledz und Bialki, Niesemeuschel nach Glinianka, Woläkar Zewska, Jablonne, Woloduzka und Swisk, die Artillerie nach Bogorzee kommen und das Bat. Brause in Tarnowek stehen bleiben; der Gen. Reynier sollte nach Wiezowna kommen. Zugleich ward dem Gen. aufgegeben den ObLt. v.Zezschwitz an sich zu ziehen und den Rgt.ern von nun an bekannt zu machen, nie mehr Dörfer als vorgeschrieben einzunehmen, sind die Cantonnements zu eng, so sollen Baraquen gebaut werden. Alles war bereit zum Marsch und

den 8. Juny früh das bei uns stehende Rgt. König so wie v.Niesemuschel und die Artillerie auf den Marsch als früh ½ 5 Uhr der Hpt. Watzdorf mit dem Befehl des Gen. Reynier bei uns eintraf daß alles was bereits auf dem Marsch war hier wieder zurück in die heute verlaßenen Orte gehen und bis auf weiteres daselbst verbleiben sollte in dem den 7. Armee Corps eine andere Marsch Direction und zwar nach Lublin bestimmt sei. Als Ursache hierzu nannte man daß, daß die Rußen in dasiger Gegend gegen 18000 Mann stark stünden und wir bestimmt wären, die Communication zwischen den Oestreichern und der frz. großen Armee zu unterhalten. Diese plötzliche Veränderung verursachte eine große Unruhe, da alles was bereits auf dem Marsch gewesen wieder zurück beordert wurde; bei unserer Brigade war jedoch um 10 Uhr alles wieder in den heute verlaßenen Quartieren da wir alles sehr bald zurück zu rufen im Stande waren; die Brigade Sahr hingegen war minder glücklich, das 2. Rgt. konnte erst den

Tag darauf wieder in die Quartiere rücken, da es schon am meisten vorausgerückt war.   Gegen 8 Uhr traf eine Garde du Corps Ordonnanz mit einem Schreiben des ObLt. v.Zezschwitz an unsern Gen. ein, worinn derselbe ihm bekannt machte, daß Gen. v.Gutschmidt den 7. Nachmittags 2 Uhr sehr sanft gestorben sei. – Unersetzlich ist dieser Verlust für uns, der Schmerz den jeder darüber empfand, ist gerecht, wir verlohren durch ihn einen seltenen Vorgesetzten, einen vortrefflichen General und einen Vater für seine Untergebenen. Der schönste Beweiß für seine Achtung und Liebe die er unter seinen Untergebenen besaß sind die Thränen die ihm jeder Gemeine zollet. Mit geht sein Verlust besonders nahe wenn ich mir die Folgen seines Todes darstelle – ich verehrte in ihm den braven Soldaten, den allgemein gerechten Mann deßen Rechtschaffenheit unerschütterlich war, der am Thron seines Monarchen so offen, als in Creißen seines Commandos sprach, der keine Rücksicht kannte, gegen seine Untergebenen streng jedoch stets menschlich handelte, und jeden liebevoll von sich entließ. Manche Thräne weine ich ihm um Willen – Unsterblich wird sein Name in der Geschichte der Sächs. Armee sein. – Der kalte Reynier, deßen Gemüth sonst unerschütterlich ist, beweinte ihn mit ungeheucheltem Schmerz und soll untröstlich sein.

Des Nachmittags traf der verwaiste Generalstaab der 2. Divis. bei uns ein. ObLt. v.Zezschwitz kam jedoch erst spät des Abends, da er das Ableben des Gen. v.Gutschmidt persönlich im Hauptquartier des Gen. Reynier, welcher heute in … war, gemeldet hatte. Unser an und für sich beschränkter Raum im Hause ward nun, da er 5 Officiers mehr faßen mußte, als zeither, noch beschränkter.

Den 9. Juny in dem heutigen Tagesbefehl ward dem Corps der Tod des Gen. v.Gutschmidt bekannt gemacht, den Gen.Lt. v.Funk das Commando der Cavallerie, dem Gen.Maj. v.Klengel aber das der Infanterie und Artillerie der 2n Division interimistisch übertragen. Graf Schulenburg reiste heute als

Courier nach Dresden ab. Stündlich sahen wir der Ordre zum Marsch nach Lublin entgegen, sie traf jedoch nicht ein.

Den 10. Juny besuchte ich des Nachmittags unsere Artillerie Officiers welche nur ½ Stunde von uns in Gilejow auf dem dasigen Edelhof stehen; dort nahm mich die Tochter des Haußes, welche solches gouvernirte anfangs sehr in Affection, weil sie, als sie hörte, ich sei der Adjutant des Generals, glaubte, durch mich sich der, für ihre Besitzungen ganz unbedeutenden Requisitionen an Schlachtvieh und Fuhren welche man gemacht hatte zu entziehen; da ich aber hierdurch Gelegenheit fand, ihr alles besonders die Schonung mit welcher hier verfahren wurde, mit aller Politesse gehörig auseinander zu setzen, und sie in mir nichts weniger als ihren Protector fand, so verwandelte sich die Affection sehr bald in einen heimlichen Ingrimm, der ihre schöne Oginskysche Polonaise nur mit Zittern endigen ließ. Meine Cammeraden wußten mir es innig zu danken, ihr, als Unparteiischer, so manches gesagt zu haben, was keiner der dort Einquartirten hatte sagen wollen.

Den 11. Juny fuhr ich früh 4 Uhr in Gesellschaft des Auditeurs nach Horsznow um bei der dort stehenden Feld Kriegs Caße unsere diesmonatlichen Gebührniße zu erheben. Unsere nur für sich 4 Meilen weite Reise, welche durch unsern des Weges ganz unkundigen Fuhrmann noch verlängert wurde, hatte da wir fast stets Waldungen /:wie sie in Pohlen überhaupt durchgängig sind:/ sehr viel angenehmes.

Im Dorfe Rowa, welches wir paßirten, wurden wir durch die Artigkeit der dasigen Herrschaft /:sie eine geb. Gordon:/ sehr überrascht, denn kaum waren wir ihr zu Gesicht gekommen, so uns der Hr. sogleich uns zu einem Frühstück zu sich nöthigte und uns das Versprechen abnahm, des Mittags auf unserer Rückkehr bei ihm zu speißen. Seine Frau, garstig wie die Nacht, war die Tochter eines Obr. Gordon welcher bei Anicew ansäßigt und hatte eine große Vorliebe für die Sachsen.

Der Staabe des Rgt.s König wurde heute nach Sobienne Stachesky verlegt, um dem Divisionsstaab Platz zu machen. Mein General, als nunmehriger Präses des Div. Kriegs Gerichts erhielt den Befehl dem Obr. Vogel das Präsidium des Brigade Kriegs Gerichts zu übertragen. Freund Trübenbach bestieg daher

den 12. Juny sein Roß und zog mit der ihm anvertrauten geschlossenen Gesellschaft nach Sokolow.

Den 13. Juny ging eine Ordre ein, welche das interimistische Division Commando der 2n Div. schon wieder aufhob, und das der ganzen Div. dem Gen.Lt. v.Funk, der sich dermalen in Lublin befindet, überträgt. Oblt. v.Zezschwitz reißte daher sogleich, die übrigen Officiers des Generalstaabes erst Tages darauf ab.

Ich hatte heute die große Freude, mehrere mir sehr angenhme Briefe aus dem Vaterland zu erhalten. Louis kündigte mir auch die Entbindung seiner Frau mit einem 2. Sohn an.

Die kaum einigermaßen etwas in Ordnung gebrachte Verpflegung der Truppen beginnt aufs neue wieder, uns viel Arbeit herbei zu führen, denn überall, wo gefaßt werden soll, ist nichts vorhanden, und gleichwohl die Commandeurs der größten Verantwortung ausgesetzt, wenn sie nicht für die regelmäßigste Verpflegung ihrer Truppen die strengste Sorgfalt tragen. Misswuchs des vorigen Jahres, und dermalige gedrängte Zusammenstellung der Armee sowie Mangel an Transportmittel müssen entlicherweise Mangel an Verpflegung für die Truppen zur Folge haben.

Die Brigade meines Generals wurde von heut an, und so lange sie dem Haupt Quartier nahe stehen bliebe, an die Befehle des Gen.Lt. v.LeCoq verwiesen.

Den 14. Juny nöthigte mich eine erhaltene Ordre, welche den Rgt.ern den Befehl ertheilte, alle mögliche Vorspann aus ihren resp. Cantonnements zusammen zu bringen, sich das benöthigte davon zu nehmen, die Übrigbleibende aber ins

Haupt Quartier zu senden, im Auftrag meines Gen. zur Artillerie nach Gilejow und zum Staabe des Rgt.s König nach Sobienne zu reiten. Erstere fand ich noch bei der Tafel sehr vergnügt, die Leiden der Zeit vergessend, und sie freuten sich herzlich, alle ihre Cameraden, welche in einem District von wenig Stunden von einander entfernt waren, einmal wiederzusehen. Beim Staabe von König verweilte ich nur sehr kurze Zeit.

Den 15. Juny da ich gestern das nahe Cantonnement von Ernsten erfuhr, so wollte ich ihn heute aufsuchen, allein, als ich mich des Nachmittags schon auf dem Weg dahin in Cilajow befand ließ mich Heintz wieder durch eine Cav. Ordonnanz zurückholen, indem die Marschordre eingegangen war; sie enthielt die Anordnung zu den morgen anzutretenden Marsch in nicht weit entlegene Marschquartiere; früh 2 Uhr muß alles sich bereits auf dem Marsch befinden. Alles lässt vermuten, dass wir den Marsch continuiren werden.

Allgemeinen Nachrichten nach, soll in wenig Tagen ein außerordentlicher Reichstag in Warschau beginnen. Man spricht von einer Königswahl und Herstellung Pohlens. – Napoleon, wo wirst du die Grenzen deiner Pläne erreichen, und wann wird der Schleyer schwinden, der sie uns jetzt noch neidisch verhüllt? –

Den 16. Juny früh 2 Uhr aufgebrochen. Das Brigade Quartier und das Staabs Quartier des Rgt.s König nach Osieck, Niesemeuschel nach Zawady, Brause nach Sobienne, Stachezky, Artillerie nach Regal. Der Marsch war ca. 4 Stunden.

Unser Quartier, welches wir mit dem Staab des Rgt.s König beim hiesigen Probst haben, bringt uns eine sehr nachtheilige Meinung vom Wirth bei, da es sehr schlecht ist, und gleich bei der ersten Entré gefundenen kleinen dem hiesigen Volk sehr zugethanen Geschöpfe, benahmen uns vollends alle Lust, unser übles Zimmer zu betreten. Mit Ungeduld erwarteten wir weitere Marschordre. Sie erfolgte erst Abends 10 Uhr. Das Rgt. König kam

Den 17. Juny nach und bei Swick, Niesemeuschel in und bei Dobrzenici, Artillerie nach Miedziczyn. Der linke Flügel des Batl. v.Brause ward befehligt, nach Gura an der Weichsel zu marschiren und bis auf weiteres zur Bewachung auf diesen Posten zu verbleiben. Das Brigade Quartier war in Glinianka beim Graf Gomierowsky, dessen Vater ein alter sehr würdiger Greiß von 95 Jahren. Wir fanden eine sehr gute Aufnahme und wurden für den vorhergehenden Tag, so wie für die auf dem heutigen 4 Meilen weiten Marsch ausgestandene Hitze vollkommen schadlos gehalten. Des Abends ging nebst der Ordre, dass dem GenLt. v.Funk auch das Präsidium des Div. Kriegs Gerichts übertragen worden, auch die zur Einrückung der Brigade in Praga bei Warschau ein, welche den 19n früh erfolgen sollte. Der in Gora stehende Major v.Brause musste diese Nacht noch, da er mit seinen bei sich habenden 2 Gren.Comp. zum Dienst im Haupt Quartier des Gen. Reyniers nach Praga bestimmt wurde, durch den Major v.Holleufer mit 2 Comp. des Rgt.s Niesemeuschel abgelößt werden.

Gen. LeCoq stand heute in Rudno einem kleinen Dorf, welches wir früh paßirt hatten.

Den 18. Juny (Rast) erhielt mein Gen. Befehl vom GenLt. LeCoq sofort einen seiner Adjutanten nach Praga an den Obr. v.Langenau zu senden, um von ihm die nöthigen Befehle zur Einrückung der Brigade für den andern Tag zu erhalten. Nachmittags 2 Uhr begann ich den 5 Meilen weiten Weg zu Pferde und legte ihn innerhalb 4 Stunden zurück. Vor Groschof holte ich den von Lublin kommenden Gen. Reynier mit seinem Generalstaabe ein.

In Praga selbst traf ich alles, wie ich es vermuthet hatte, aber nichts zu meinem Agrement, für heute blieb es noch ganz unbestimmt, ob die Brigade bivouaquiren, campiren, caserniren oder einquartirt werden sollte. An Quartiermachen, wie es sonst gewöhnlich ist, war heute nicht zu denken, ich ging daher von Haus zu Haus, besah mir in jedem das Locale und fand zu meiner Freude bald 3 Quartiere für uns, wo mit der Gen. unter den hiesigen Umständen zufrieden sein konnte. Ich für meine Person konnte jedoch keines derselben schon heute beziehen, da sie sämmtlich noch von dem Staabe des Rgt.s Pr. Clemens Inf. belegt waren, sondern nahm die Offerte des Ingenieur Hauptm. Damm an bei ihm zu bleiben. Für das Unterkommen meines Albrechts und meiner Pferde sorgte Louis, den ich zu meinem großen Vergnügen gleich beim Eintreffen in Praga fand. Alle bereits anwesende Officiers des Gen. Staabes waren noch beschäftigt das Quartier für den Gen. Reynier einigermaßen in Stand zu setzen, da er keines in Warschau selbst erhalten sollte. Das Rgt. Clemens Inf. welches 4 Tage hier gestanden hatte, verließ Praga den 19n früh 2 Uhr, alle übrige Truppen standen, wie ich hörte bei Okoniew im Lager.

Den 19. Juny fing ich meine Tour, nachdem ich mich von den gestrigen Fatiguen auf einen dünnen Strohsack auf der Erde die Nacht hindurch sehr wenig erholt hatte, von neuen an, bewirkte, daß die 6 Comp. v.Niesemeuschel, so wie die Artillerie in Casernen innerhalb, das Rgt. König und der linke Flügel des Bat. v.Brause , welcher gestern Abend 9 Uhr hier eingerückt war, aber in Praga vor der Festung einquartirt wurde. In der 12n Stunde kam die Brigade an. Nachdem sich mein Gen. beim Gen. Reynier sowohl als bei dem von Okoniew anhero beurlaubten GenLt. v.LeCoq gemeldet hatte, führte ich ihn und Heintzen ins Hotel de Dresde, wo wir in Gesellschaft sehr vieler Sachsen speißten, zeigte ihm nach Tische einiges Merkwürdiges, führte ihn auf den heutigen Pferdemarkt und verschaffte ihn den schönsten Anblick Warschaus auf den Lutherischen Kirchthurm, besuchte Hr. Pascali jun: nicht sowohl um seines schönen Warenlagers wegen, als um seine 4 Arabischen Türkischen und Persischen Hengste zu sehen. Gegen Abend fuhren wir nach Kawawieska, kehrten jedoch, da wir keine Gesellschaft fanden, sogleich wieder zurück. Auf dem Rückweg besuchte ich meine Tante

Otlieri[6] und Bahatowicz, so wie meinen gewesenen Wirth Hr. Höwer, alle fand ich gesund und wohl und alle freuten sich herzlich, mich nach 5 Jahren wiederzusehen.

Major v.Brause mußte heute die bei Borek stehenden 2 Comp. seines Bat. beordern, sich in 4 Märschen anhero zu begeben und die dort geschlagene Schiffbrücke bis zur Ankunft der Oesterreicher durch 1 Officier und 20 Grenadiers bewachen zu laßen.

Mehrere Versetzungen und Avancements in der Armee wurden heute durch Ordre bekannt. Maj. v.Brause, unter andren, erhielt seine Anstellung als Chef des Gen.staabes der Div: v.Zeschau, ObrLt. Ryssel aber deßen Gren.Batail:.

Den 20. Juny machte ich meinen Gen. wieder mit mehrern Gegenden und Gegenständen Warschaus bekannt, des Nachmittags besahen wir das pompöse Königl. Schloß, wo ich in den großen Audienzsaal das 1807 leer gefundene Feld, jetzt mit einem sehr schönen Gemälde ausgefüllt fand; es stellt dieses die Scene vor, wie der Kaiser Napoleon den Großen des Reichs die Constitutionsacte übergibt; Sobiesky zu Pferde, die Canaledoschen Prospecte von Laczinka Makatow usw. sowie mehrere hier vorhandene vortreffliche Gemälde freuten mich ungemein, wiederzusehen. Ich sah heute mehrere Zimmer, welche ich damals der Anwesenheit des Königs wegen nicht sehen konnte. Unter andern auch die Säle, welche zu dem bevorstehenden Reichstag eingerichtet wurden. Uiber Politische Gegenstände hört man zwar nichts, die Ursache des außerordentlichen Reichstags schreibt man vorzüglich Finanzangelegenheiten zu.

Später Nachmittags fuhren wir nach Laczinka; auch hier hatte ich viel Gelegenheit mich der früher hier angenehm verlebten Zeiten zu erinnern. Auf unsern Rückweg besuchten wir in nomi swiat den Bruder unseres Wirths in Glinianka auf. An ihm sowohl als an ihr, beide schon ältliche Leute lernten wir

---

[6] Schwester der Mutter, geb. Hennig

sehr heitere lustige Leute kennen; an ihr nahm man viele Spuren ehemaliger Schönheit war; und mußte ihre Bravur bewundern, da sie Mutter 3er taubstummer Kinder war.

Den Rest des heutigen Tages verlebten wir im Hotel de Dresde.

Den 21. Juny besuchte mich Ernst, der gestern Abend in hiesiger Gegend eingerückt war, jedoch von dem hier stehenden Hauptpark sich detachirt befand. Wir eilten heut früh in die Lutherische Kirche um den sehr lange entbehrten Gottesdienst beizuwohnen. Der Prediger sprach aber nicht in der angenehmsten Dictonnation viel über Barmherzigkeit und legte die Ausübung derselben allen so ans Herz, daß wir gern alles hätten hingeben mögen, allein schon beim Hinausgehen aus der Kirche , mußten meine frommen Vorsätze Schiffbruch erleiden, alle Mittel, diese edle Tugend auszuüben waren mir benommen; meine Kaße war durch den Aufenthalt in Warschau so erschöpft, daß ich es sehr gut würde aufgenommen haben, wenn jemand an mir Barmherzigkeit hätte ausüben wollen.

Nach der Kirche erhielt der Gen. den Befehl das Rgt. König zu beordern, Tags darauf als den 22n nach der Festung Modelin[7] zu marschiren, nicht sowohl um den Garnisionsdienst zu übersichern /:denn es war gar nicht herein zu stehn gekommen:/ als ihr zur Deckung zu dienen und beide Ufer des Bugs zu besetzen. Louis ging noch heute dahin voraus um dem Rgt. die nöthigen Detail Instructionen ertheilen zu können. Aufs neue ergingen heute ins Corps wiederum die geschärftesten Ordres über die wörtlich übertriebene Entnahme an Vorspann, jeden der Bat: wurden zum Transport der eisernen Vorräthe nur 12 gestattet, alle anhero gebrachte Vorspann mußte beibehalten und streng bewacht werden; der unsere war von Glinianka, der aus Wilga wurde endlich entlaßen, doch gelang dieser nicht, die Heimat zu erreichen, da

---

[7] Die noch im Bau befindliche Festung Modlin

man sie schon auf dem Rückweg einer neuen Bestimmung entgegen führte.

Officiell ward uns heute bekannt gemacht, daß das Regt. Johann Chev. Leg. mobil sei und zum Corps stoßen werde, vor jetzt aber bis Posen dirigirt werde, ferner, daß dem GenLt. v.Funk an der Stelle des verstorbenen Gen. v.Gutschmidt das Commando der 2n Division übertragen worden sei, dem GenMaj. v.Gablenz aber das der zeitherigen Brigade Funk.

Spät gegen 10 Uhr Abends mußte ich noch in Auftrag meines Gen. zu dem GenLt. v.LeCoq ins Hotel de Villna nach Warschau gehen. Als ich zurückkehrte fand ich der nächst der Brückenstraße einen großen Zusammenlauf und zwischen Sächsischen und pohlnischen Militaires eine förmliche Bataille. Mehrere der hiesigen gegen uns ohne allen Grund begierten Einwohner nahmen daran Theil, und es ging ziemlich heftig zu. Die Veranlaßung zu diesem Exzeß war eine in einem Bierhaus entstandene Uneinigkeit gewesen. Einige unsrer Officiers sah ich mit mir zugleich hier ankommen, doch fanden wir, obschon wir mehrere unsrer Leute unter den schändlichsten Mißhandlungen als Arrestanten wegführen sahen, nicht für rathsam uns als Officiers zu erkennen zu geben; wir suchten in aller Stille den champ de Bataille zu paßiren und bemühten uns die noch in ruhiger Stimmung seyenden Leute von uns mit nach Praga zu nehmen, ich zeigte den ganzen Vorfall dem dasigen Platz-Commandanten Major von Schlieben an, und war mit ihm bemüht, Anstalten zu treffen, daß nichts von unsern erbitterten Gemüthern mehr das jenseitige Ufer betreten konnte. Die Mannschaft mußte, um für jeden Fall bereit zu sein sogleich unters Gewehr treten; bis Nachts 1 Uhr brachten wir an der Brücke zu; bis dahin war alles ruhig.

Den 22. Juny marschirte früh 2 Uhr das Rgt. König nach Modelin. Auf Befehl des Gen: Reynier wurden von nun an alle Commandos mit Vivres Transport und dergl. von der Queue des Corps, welches das Bat. v.Brause formirt, gegeben. Die 2 in Gora unter dem Major v.Holleufer stehenden Comp. des Rgt.s v.Niesemeuschel wurden einbeordert, und es bleibt nur der Capt. v.Dallwitz mit 40 Mann daselbst zurück.

Gen: Reynier bewieß heute durch eine Ordre seine ernstliche Unzufriedenheit über den gestern vorgefallenen Exzeß. Zur Strafe der begangenen Unordnung befahl er, daß sämmtliche Mannschaft 2 Nächte hintereinander aller 2 Stunden visitirt werden sollte.

Den 23. Juny des Morgens 3 Uhr avertirte mich Bruder Louis daß das Haupt Quartier gegen Mittag nach Sierock verlegt werde. Zwei diese Nacht angekommene Couriers hatten diesen schnellen Aufbruch veranlaßt. Bald nach Empfang dieses Billets kam Ernst zu mir, und eröffnete mir, daß auch der Haupt Park diese Nacht Ordre erhalten habe, früh 9 Uhr Praga zu verlaßen und nach Niebarent zu gehen. Er weile eine Zeit lang bei mir, fand aber traurige Unterhaltung, indem ich noch nicht völlig ausgeschlafen hatte, und daher halb schlafend Conversation mit ihm pflegte. Gegen 6 Uhr ritt ich nach Warschau, um Louis noch ein Lebewohl zu bringen, denn allgemein glaubte man, wir würden als Garnision in Warschau stehen bleiben.

Ein in der vorigen Nacht von Pohlnischen Uhlanen begangener Excess, der dadurch entstanden, daß sie auf der Straße von Praga unsrer Artillerie einen aus dem Magazin kommenden Fouragetransport abgenommen hatten, veranlaßte den Gen. Reynier sogleich 2 Comp. v.Niesemeuschel nach Zeriem, wo der Vorfall sich ereignet hatte, abgehen zu laßen, und sie mit dem Befehl versehen, den pohlnischen Officier, der das Commando geführt hatte, nebst seinem ganzen Commando sogleich zu arretiren und anhero zu bringen, wenn er den Ersatz des Genommenen nicht sogleich leistet. Der hiesige General Commandant, der Kaiser. Franz. Divisions General Baigaynsky, war über das Benehmen des Officiers äußerst aufgebracht, er arretirte den Capitän sogleich und nur auf wiederholtes Nachsuchen meines Generals ward er nach dem völlig geleisteten Ersatz wieder freigelaßen.

Der Befehl erging heute, die scharfen Patronen aufzubinden.

Den 24. Juny meldete der Obr. v.Göphardt sein Eintreffen in Modelin. Das Rgt. König hatte am rechten Ufer des Narew einen Bivouac bezogen.

Des Mittags, als wir eben bei unsern Gen. das Mahl einnahmen, erhielt derselbe durch den Obr. v.Langenau schriftlich den Befehl des Gen. Reynier, den in Kosczenice stehenden Major v.Mörner anzuweisen, mit dem sämmtlichen im Rücken der Armee befindlichen kleinen Depots der Infanterie und Cavallerie nach Warschau zu marschiren, woselbst auf Ordre des Prinzen v.Neufchatel das Hauptdepot des rechten Flügels der großen Armee angelegt werden sollte. Mein Gen. ward zugleich beauftragt, hierüber mit dem hiesigen Gen. Commandanten zu comminiciren. Er bestimmte hierzu den Nachmittag. Ich mußte ihn begleiten. Meine Angst war da nicht wenig vage, als er, da wir den Gouverneur nicht zu Hauße antrafen, beschloß, ihn beim Bischoff bei dem er sich zum Dinée befand, aufzusuchen. Mir ahndete von der außergewöhnlichen Stimmung nichts gutes. Lange mußten wir in einem der bischöfl. Zimmer warten, bis die Tafel aufgehoben war. Plötzlich sahen wir uns dann, in einer der vornehmsten Gesellschaften. Gen. Baigaynsky nahm die Stöhrung nicht wohl auf, behandelte meinen General ziemlich en bagatelle und gab zu erkennen, daß hier nicht der Ort sei, ihm Dienstsachen zu eröffnen, die Angelegenheit habe Zeit, bis er in sein Quartier komme. – Mein Gen. wollte sich dies nicht sagen laßen und so begannen die resp. Gen. nicht in dem sanftesten Ton der Stimme gegenseitig zu sprechen. Mir war nicht wohl zu Muthe, hier, wo alles von Gold und Orden starrte und die vornehmen Damen, welche sich an der Tafel des geistlichen Herren wohl genährt haben mochten, nur verachtende Blicke auf uns, die wir in aller Simplicität einherkommen, warfen. Meine innere Angst läßt sich nicht denken, trotz einem Chamäleon wechselte ich die Farbe, wie ein Missethäter, dem das Urtheil gesprochen werden sollte, stand ich da. Lange dauerte es, ehe sich eine gute Gelegenheit uns aus dem Staub zu machen uns darbot, ungemein leicht ward es mir ums Herz, als ich den Bischöflichen Pallast wieder im Rücken hatte. – Des Auftrags über die zu pflegenden Unterhandlungen wurde sich nun schriftlich entledigt.

Abb. 06 Gegend von Warschau, Pultusk und Rozan

Den 25. Juny nichts als in unserem Kleeblatt Klage über pauvre Umstände des Brigadestaabes.

Den 26. Juny begannen früh die Feierlichkeiten des pohlnischen Reichstags. Des Nachmittags 4 Uhr traf Lt. Hoyer v. Rgt. Albrecht Chev.leg. bei uns ein, und brachte die Ordre des Gen.Lt. v.LeCoq, daß der Gen. mit dem Rgt. v.Niesemeuschel sofort von Praga aufbrechen und in forcirten Märschen über Pultusk, Rozan und Ostrolenka nach Lomza vorrücken sollte, das Rgt. König war zugleich beordert worden, von Modlin aufzubrechen und Tages darauf mit der Brigade bei Pultusk zu vereinigen. Das Bat. v.Brause blieb zu seiner zeitherigen Bestimmung, der Armee die erforderlichen Vivres nachzuführen, in Warschau.

Heinz und der Auditeur waren beim Eingang dieser Ordre nicht zugegen, sondern in Laczinka, da wir alle heute uns dieser Ordre nicht vorsehen, noch weniger aber der mit ihr verbundenen Arbeit.

Unser Posten in Praga, der ohnstreitig nur die Absicht hatte, einige Surveillance über die Bewohner Warschaus zu beobachten, wurde heute, wie es hieß, von 1 Regt. Oesterreicher occupirt, desgleichen sollten 2 Rgt.er Oesterreicher, die schon früh in der Nähe von Warschau standen, zur Garnision nach Modelin bestimmt sein.

Unser Abmarsch erfolgte Abends ½ 6 Uhr. Der Marsch ging heute bis Niborent. Hitze und Staub war drückend, die Hälfte des 5 Stunden weiten Weges durchgängig Wald und ungemein tiefer Sand. Abends ½ 11 Uhr traf das Rgt. an oben erwähnten Ort ein und bivouaquirte hier zum ersten Mal in diesem Feldzug. Wir suchten uns Anfangs eine Scheune, fanden jedoch später noch ein besseres Unterkommen beim hiesigen Schulmeister. Die nächtliche Ruhe war uns heute kärglich zugemessen,

den 27. Juny - denn früh 2 Uhr weckte uns schon wieder der Trommelschlag zu einen 7 Meilen weiten Marsch über Sierock und Pultusk nach Magniewicze.

Ich hatte heute das Glück, in Gesellschaft des Adjut. Zimmermann der Brigade bis an den Ort unsrer Bestimmung zu Regulierung des Bivouacs oder des möglichen Unterkommens in Scheunen voraus zu reiten, wir fühlten daher das drückende dieses langweiligen Marsches bei der enormen Hitze nicht nur weniger, sondern waren bereits des Abends im Trockenen, als ein sehr heftiges Donnerwetter alle andern noch derb durchnäßte. Wir paßirten früh bei Sierock den Bug, dort trafen wir Westphälische Sappeurs in voller Beschäftigung, die den Einfluß des Bugs und des Narew deckenden Verschanzungen wieder herzustellen.

Die hiesige Gegend ist sehr bergig und für Pohlen, wo das Auge nur an Fläche gewöhnt ist, schön. Das kleine Städtchen Sierock liegt am Abhang des Berges.

Jenseits der Stadt trafen wir die Transporte unseres Parc des vivres, welche nach Ostrolenka gehen sollten, in einer traurigen Verfassung. Die Kräfte des Zugviehs waren gänzlich erschöpft, die Bauern hatten ihr Fuhrwesen im Stich gelassen, und die Soldaten, welche zur Escorte bestimmt waren, mussten nun das Fuhrwesen selbst besorgen.

NB. Mehrere der von Warschau abgesendeten Vivres Transporte trafen wir schon jetzt in der traurigsten Verfassung auf der Straße liegend, das Zugvieh konnte nicht mehr fort, die zur Bedeckung mitgegebenen Grenadiers mussten, da die Spannbauern fortgelaufen waren, selbst fahren, die Wagen waren umgeschmissen und der Zwieback lag einzeln auf der Straße. Alles dies lässt vermuthen, dass sehr wenig dieses bedeutenden Proviants die Armee erreichen wird.

Gegen 10 Uhr trafen wir ziemlich fatiquirt in Pultusk ein, vor der Stadt trafen wir das Rgt. König, welches hier das Rgt. v.Niesemeuschel erwartete und in aller Frühe von Modlin aufgebrochen war. Wir hielten, theils um uns selbst durch einige Genüsse zu stärken 2 Stunden an, und setzten dann in Begleitung des Adjut. Bekers unsere Tour nach Magniewsicze fort. Den Kampfplatz vom 23. Xn 1806 berührten wir nur. Zu Schonung unserer und unserer Pferde hatten wir uns beim hiesigen Präfekt eine Fuhre erbeten, welche aber freilich von äußerst elender Beschaffenheit war, denn sie bestand aus einem Düngerwagen, auf den 2 der Quere gelegte Schindeln den Sitz für 4 Personen abgeben mussten. Obschon es im Anfang einige ovale Räder auf den ganz unebenen Pflaster der Stadt das Fortkommen nicht angenehm machten, es ohnmöglich schien den Marsch dergestalt fortzusetzen, so richteten wir uns dennoch nach und nach ein; der Schlaf wiegte einen nach den anderen ein und hätte er uns zugleich überfallen, so würde ohne Zweifel wohl auch in Kurzem die Ladung unten gelegen haben.

Nachmittags 4 Uhr kamen wir endlich in Magniewicze an, arrangirten alles zum Bivouac und ich das Quartier meines Gen. auf dem hiesigen Hof, beim Schlachtschützen. Der Himmel mochte heute uns nicht au bivouac sehen wollen, er sendete ein großes Donnerwetter, welches unsere bereits getroffenen Anordnungen vereitelte und uns nöthigte, die ganz spät am Abend ankommende Brigade in circa 50 Scheunen und Häuser unterzubringen. Unser Unterkommen war mit dem der Officiers v.Niesemeuschel in einer Scheune, unser Tisch aber freilich sehr kärglich bei dem Edelmann, dessen hübsche Tochter uns jedoch wenig Unterhaltung gewährte, da sie nicht deutsch sprach. Das Einzige was man daher in unserer Conversation hörte war stets ni rosomie!

Den 28. Juny früh 4 Uhr abmarschirt. Ich blieb heute bei der Brigade. Der Marsch sollte bis Ostrolenka gehen; allein unterwegs erhielt der Gen. Contre Ordre und den Befehl bis auf weiteres in Rozan Halt zu machen. Obschon auch hier die Quartiere nichts weniger als gut waren, so war uns doch der Rasttag sehr willkommen, den wir den folgenden Tag hier hielten. Auf dem zurückgelegten Marsch hatten wir nicht weniger als 25 todte Pferde auf der Straße liegend getroffen, und bei zweien derselben sogar todte Wölfe. Der die Nacht darauf mit der Equipage diesen Weg paßirende Hptm. v.Bose hatte sogar mehrere Wölfe bis auf 8 Schritt vor sich gesehen und sie von ihrem Mahle gestöhrt, - schöne Gesellschaft, die sehr viel zur Unsicherheit der Straße beiträgt – Der uns heute die Contreordre bringende Feldjäger erzählte zugleich, dass am 22n endlich der Krieg gegen Russland erklärt worden sei, und die Feindseligkeiten bei der pohlnischen Cavallerie ihren Anfang genommen hätten. Beim Bat. Anger führte man 1 Officier und 13 Kosaken als Gefangene mit sich, welche durch Beistand der Wölfe einer Feldwache dieses Bat. in die Hände gefallen waren.

Den 29. Juny Rast. Das heutige scheußliche Regenwetter hätte uns den Marsch sehr erschweren sollen. Des Nachmittags erhielten wir wieder abgeänderte Marschordre, nämlich nicht über Ostrolenka sondern über Gzerwin nach Zambrow zu gehen, mit dieser Ordre erhielten wir zugleich drei Tagesbefehle des Kaisers, wo in dem einen er seine Unzufriedenheit über den Würtembergschen Brigade General Subervie dessen Truppen geplündert und mehrere Excesse begangen hatten, bewieß, und befahl, ihn auf 2 Tage zu arretiren, in dem 2. empfahl er die größte Disciplin, zur Bestrafung jeder Uibertretung dieses Befehls setzte er eine Commißion ein und der 3. war die Kriegs Erklärung durch folgende Proclamation:

Soldaten!

Der 2.pohlnische Krieg hat begonnen. Der erste ward zu Friedland und Tilsit beendigt. Russland schwor zu Tilsit ewiges Bündnis mit Frankreich und Krieg mit England. Es bricht jetzt seinen Eid! Es will nicht früher die Aufklärung über sein fremdartiges Benehmen geben, als bis die Adler Frankreichs über den Rhein zurückgegangen, und dadurch seine Alliirten der Discretion Russlands Preiß gegeben sind. Russland wird von seinen Vergängnißen hingerissen, seine Bestimmung wird erfüllt werden. Hält es uns denn für ausgeartet? – Werden wir nicht mehr die Soldaten von Austerlitz sein? – Es lässt uns die Wahl zwischen Unehre und Krieg, sie kann nicht zweifelhaft sein. Laßt uns den Feind entgegengehen, den Niemen überschreiten und den Krieg in seinen Provinzen führen. Der 2. pohlnische Krieg wird wie der 1. glorreich für die französischen Waffen enden. Aber der Friede, den wir schließen, soll uns die Bürgschaft geben, dass der traurige Einfluß, den Russland seit 50 Jahren über Europa ausübte, ein Ziel gesetzt werde.

Im Kaiserl. Haupt Quartier zu Willkowiska am 22. Juny 1812

Napoleon

Der Prinz von Neufchatel Major General

Alexander

Den 30. Juny Die Brigade paßirte heute durch Hilfe einer einzigen hier befindlichen Fähre die Narew, und ob man schon mit den Uibersetzen früh 2 Uhr den Anfang gemacht hatte, so war doch des Mittags 1 Uhr heran gekommen, ehe sich alles am jenseitigen Ufer befand, der Marsch ging 4 Meilen weit nach dem elenden Städtchen Czerwin. Ich ritt heute wieder mit Adjut. Zimmermann und Beker voraus, wir paßirten die Narew bereits früh ½ 8 Uhr und gewannen dadurch Zeit genug unsere Requisitionsgeschäfte zu besorgen, doch waren sie sehr wenig von Folgen, dass wir kaum das Nothdürftigste für den Tisch des Gen. erlangten.

Den 1. July früh 6 Uhr aufgebrochen. Der 5 starke Stunden weite Marsch führt durch ein sehr coupirtes romantisches Terrain, bei schrecklichem Weg und Wetter nach dem Städtchen Zambrow wo wir erst des Abends 5 Uhr einrückten. Das Rgt. König blieb rückwärts in Sienieowice, das Rgt. v.Niesemeuschel aber und 3 Comp. von König kamen zu uns zu liegen. Unser Quartier war beim hiesigen Probst. Des Abends erhielten wir die Ordre zur Fortsetzung unseres Marsches nach Sokoly.

Den 2. July ließ der Gen., da er gewisse Nachricht von dem Unterkommen der Brigade in Sokoly erhielt, wieder die Quartiermacher voraus gehen. Unser heutiges Quartier war auf dem ganz leeren Hof mit dem Staabe und 3 Capitäns des Rgt.s König. Mit der Verpflegung würden wir hier, wie zeither gewöhnlich, schlecht versehen gewesen sein, wenn wir selbst nicht einiges mit uns geführt hätten. Kaum waren wir hier angelangt, so zeigten 2 bei einem Vivres Transport commandirte Grenadiers des Bat. v.Brause an, dass, als sie sich einem der nahe gelegenen Dörfer genähert hätten, um dort neuen Vorspann zu entnehmen, sie von mehr denn 100 Bauern attaquirt, angegriffen, geplündert und bleßirt worden wären, ein Edelmann habe sie zu Pferde ordentlich angeführt. Mit Einbruch der Nacht wurde eine Patrouille von 75 Mann unter dem Pr.Lt. v.d.Planitz abgesendet, welchen es auch gelang, den größten Theil der Bande als Arrestanten zurück zu bringen, der

Anführer selbst war jedoch entsprungen; wohl brachte er als Geiseln für denselben seine Familie bestehend aus einem alten Vater, der Mutter und seiner jungen Schwester – einer recht angenehmen Arrestantin -. Sie wurden, nachdem sie das Herz meines Gen. gehörig erreicht hatten, als gute würdige Leute völlig unschuldig erklärt und freigelassen, die übrigen aber bis zur Abgabe an unser Haupt Quartier mitgeführt.

Den 3. July setzten wir anbefohlenermaßen den Marsch nach Turobl Koszelne fort; wir paßirten die Narew und damit die Grenze Russlands, fanden aber auch nicht das mindeste von den Verheerungen des Feindes, wie sie geschildert worden, obschon dieser sich nur erst vor wenig Tagen von hier zurückgezogen hatte. Turobl ein sehr angenehm liegendes Dorf mit einem großen Hof, war eigentlich heute der Ort unserer Bestimmung, doch fanden wir bei unserer Ankunft daselbst die Ordre uns noch heute in Bialystok mit dem Corps zu vereinigen; wir setzten daher, nachdem wir einige Sunden gerastet, alle hier gefundenen Vorräthe an Lebensmitteln in Requisition genommen und an die Mannschaft ausgegeben hatten, unseren heutigen 5 Meilen starken Marsch fort und rückten Nachts 12 Uhr jenseits Bialystok auf den uns angewiesenen Bivouac.

Ich war von Turobl aus der Brigade voraus geritten, um für sie den Bivouac angewiesen zu erhalten und für meinen Gen. das Quartier zu reguliren. Obschon ich hierzu 4 Stunden Vorsprung hatte, so waren sie doch kaum hinreichend alles zu besorgen, da das Geschäft des Quartiermachens hier, wo fast alle Civil Behörden von den Rußen mitgenommen worden waren, äußerst schwierig ward. Nur mit stürmender Hand gelang es mir, meinem Gen. ein freilich schlechtes Unterkommen in einem der hiesigen Klöster zu verschaffen. Das Kleeblatt nahm mit einer Schulstube vorlieb.

Den 4. July rastete das ganze Corps. Wie froh waren wir nun endlich wieder zum Corps gestoßen zu sein. Bialystok eine sehr schöne Stadt mit einem ganz vortrefflichen Kaiserlichen

Pallast fasste heute mehr als 7000 Mann in sich. 7 Bat. allein lagen in der Stadt, der übrige Theil des Corps vor derselben in diversen Bivouacs. Man war allgemein über unsere Ankunft sehr erfreut und vertauschte heute die russischen Farben mit den pohlnischen. Wir erfuhren hier, dass vor 3 Tagen die Rußen die hiesige Gegend in der größten Schnelligkeit verlassen und alle Vornehmen der Stadt mitgenommen hatten.

Wir veränderten heute unser Quartier und erhielten solches bei einem Grafen, dessen heiterer Sinn sowie seine charmante Gemahlin uns viel Unterhaltung gewährten. Des Abends gab ich mir bei Louis mit Ernsten ein Rendezvous, da ich ihn seit Warschau nicht gesehen hatte. Er war mit dem Parc heute in einer der Vorstädte Bialystoks eingerückt. Mein Unglücksstern raubte mir heute meine liebste Tabakspfeife und ließ mich in einen Disput mit der hübschen Gräfin gerathen.

Den 5. July sammelte sich früh 3 Uhr das ganze Corps, Cavallerie ausgenommen, auf der Straße nach Grodek. Nicht zweckmäßig schien es mir, dass ganze Corps zu ein und derselben Stunde aufbrechen zu lassen, denn wir, die wir noch bei weiten nicht die letzten waren, standen von früh 3 Uhr, ehe wir uns in Marsch setzen konnten. Die Ordnung in der das Corps marschirte, war folgende:

1 Esc. Prinz Albrecht	Avantgarde
1 Comp. leichter Inf.	

Sappeurs

Brigade Nostitz	1. Division
1. reitende Batterie	
Brigade Steindel	
Artillerie der 1n Division	
Chaisen und Deckelwagen des Haupt-	
Quartiers, der Generale und Regimenter	
Excl. Vorspann	

Brigade Sahr	2. Division
3. Fuß-Batterie	

Brigade Klengel
Parc der 2n Division
Beide Reserve Batterien
10 Pontons
Die Wagen der Sappeur Comp.
Chaisen und Wagen der 2n Division

1 Comp. des Rgt.s v.Niesemeuschel
Der Haupt Parc
Parc des vivres
Sämmtl. Vorspannwagen des Corps
1 Comp. des Rgt.s v.Niesemeuschel als Arriergarde

Die in Suprast und Krotowymosz stehenden Feldposten blieben bis zur Ankunft des Corps stehen, und rückten dann bis jenseits Grodek vor. Vom Anfang herein ging der Marsch sehr schnell, jedoch ziemlich gut; auf dem ½ Weg wurde 2 Stunden geruhet, welches nicht nur nöthig für die Mannschaft, sondern auch angenehm für uns war, da wir während der Zeit so manchen unsrer Cameraden sprechen konnten, deren wir lange nicht gesehen hatten. – Unerklärbar war uns, warum man uns heute schon en colonne marschiren ließ, da allen Nachrichten nach die Rußen sich sehr weit zurück gezogen hatten.

Spaßhaft für uns war es, unsere ganze Tour heute mit dem Regierungs Archiv aus Bialystok besäht zu finden. Die Rußen hatten es bis zu ihrer Flucht mitgenommen und hier cassirt. Auffallend wurde heute die Mortalität unter den Zugpferden denn in der Artillerie des Rgt.s König und der Batterie Bonniot stürzten allein 5 Pferde.

Nach 3 Uhr bezogen wir einen Bivouac bei Grodek, das Haupt Quartier des Gen. Reynier war ohnfern Grodek in Wilia, dicht hinter unserem Bivouac, welcher sich mit dem rechten Flügel an der Straße nach Grodek anlehnt; die Brigade Sahr steht uns zur linken bei Szuzanka, die 1.Division vor uns. Auch an das Kleeblatt kam heute das bivouaquiren, zum ersten mal in diesem Heereszug, da nirgends sich etwas zu unserem Unterkommen darbot, ein Birkenscheuer umfaßt uns mit den

Adjutanten von König, jeder von uns schreibt etwas zur Beschäftigung, ich diese Zeilen mit vieler Unbequemlichkeit, da ein dergleichen Zeitvertreib wenig Passion für mich auf dem Bivouac enthält.

Den 6. July früh 3 Uhr aufgebrochen und links abmarschirt. Das 2. Leichte Rgt. hatte heute in der Division die Tete. Der Marsch war 3 Meilen und der großen Hitze und Mangel an Wasser wegen sehr beschwerlich, am Ende deßelben überraschte uns ein großer Gewitterregen und durchnäßte uns ziemlich. Die Gegend die wir heute paßirten, war äußerst öd, kein Dorf, kein Holz, nur Getreide Fluren zeigten sich unsren Augen, gegen die großen Waldungen, die wir gestern sahen stach das ungemein coupirte Terrain heute sehr ab. Wir paßirten auf diesen Marsch die ehemalige Grenze Lithauens. Bei dem Städtchen Brzotowice bezog das Corps 4 diverse Bivouacs; unsere Brigade mußte heute die rechte Flanque durch starke Feldwachten decken. Merkwürdig war es, daß der Major Auenmüller in einer Scheune in welcher er mit seinen Officiers sich unterbrachte eine Menge Infanterie Patronen fand, welche Thonkugeln enthielten.

Uns mußten 2 kleine Colonisten Häuser aufnehmen in denen wir im Verhältniß gegen die übrigen schlechten Häuser der Stadt immer noch ein ganz leidliches Unterkommen fanden. Hier hatte ich die Fatalität um meine Mütze zu kommen.

Den 7. July ward rechts abmarschirt; die Gegend war heute angenehmer, die üppigsten Felder wechselten mit kleinen Waldungen ab. Dörfer paßirten wir heute in Menge, jedoch befanden wir sie alle in einem äußerst elenden Zustand. Nach einem 3 Meilen starken Marsch bezogen wir Brigadeweise Bivouacs; der unsere war vor Wolkowisk, einem elenden Städtchen. Auch heute bivouaquirten wir und zwar auf dem linken Flügel des Rgt.s v.Niesemeuschel in einem angenehmen Holz und befanden uns, da die Witterung uns günstig war, recht angenehm.

N.B. Durch die Gunst der Obr. v.Z. erhielten wir hier ein Faß Bier für unseren und des Stabsquartiers Gebrauch; G. F. welcher 12 Faß hier erhielt und war nur mit schweren Herzen zu bewegen gewesen jeden seiner 2 Brigadiers 1 Faß als Labetrunk zu überlaßen, während seine Officiers und Bediensteten sich fast im Biere badeten. Auf den Gesichtern des Brigade Stabes dürfte sich die Freude über dieses unerwartete Präsent ausgedrückt haben, doch durch das Machtwort des G. dieses Bier für traurigere Zeiten aufzuheben schwand auf einmal die selbstgefällige Miene.

Des Abends gegen 8 Uhr mußten alle Feldwachten und Piquets scharf laden, und wurde ihnen die größte Aufmerksamkeit anempfohlen, da Kosaken in der Gegend herumschwärmten, welche bereits einen nachläßigen Husaren Vorposten von 1 Unteroffc. und 7 Mann in Zelwie aufgehoben hatten. Wie es heißt soll die Hauptarmee des Kaisers bereits bis über Wilna vorgerückt sein.

Den 8. July links abmarschirt, der 5stündige Marsch führte durch eine sehr angenehme Gegend, die wenig Holz faßte, nachdem gänzlich ausgeplünderten Städtchen Zelawi. Theils unserer Avantgarde, theils den 2maligen Besuchen der Kosaken hatten dies die Einwohner, welche die jedesmaligen Anwesenden mit falschen Nachrichten getäuscht hatten, zu verdanken. Abermals standen die beiden Divisionen in 4 Bivouacs und umgaben damit die ganze Stadt. Die Kosaken sollen uns ziemlich nahe sein. Unser Quartier war mit dem Gen.Lt. v.LeCoq und dem Staabe der Artillerie in einem ganz ausgeplünderten Schlosse. Die Brigade lag in weniger Entfernung vor unseren Fenstern.

Kraft ward heute von uns dimmitirt.

Den 9. July wurde wieder rechts abmarschirt, jedoch heute die zweckmäßige Anordnung getroffen, daß die 2.Division erst 1 ½ Stunden später aufbrach. Die Hitze war heute weit bedeutender als gestern und der Marsch wegen dieser sowohl, als wegen seiner Stärke äußerst fatigant. 5 Mann /:viele munkeln 12:/ starben heute unterwegs durch Schlagfluß sehr plötzlich. Es trat heute der größte Mangel an Wasser ein, denn nirgends fanden wir welches. Obschon unterwegs 3mal angehalten wurde, so konnte doch der Nutzen dieser Halte nur verdrießlich für den gemeionen Mann sein, da sie zu kurz und stets an solchen Orten waren, wo wir uns alle der größten Hitze exponirt sahen. Am Abend hatte das Corps mehr als 1000 Marode; einen traurigen Anblick gewährte es, Soldaten aller Rgt.er zu sehen, welche bei dem vortrefflichsten Willen und bei Aufopferung ihrer letzten Kräfte nicht im Stande waren, der Colonne weiter zu folgen, und fast sterbend vor Durst und Entkräftung zurück gelaßen werden mußten.

Zwischen 5 und 6 Uhr Abends bezogen wir bei Biki /:das Quartier des Gen. v.Funk:/ einen Bivouac, die 1.Division vor uns, die Brigade Sahr in unserer rechten Flanque, welche immer noch gefährdet sein muß, da man sie zu decken stets bemüht ist. Gen.Lt. v.Lecoq stand heute in Sokolowa, Gen. Reynier war bereits heute mit der Avantgarde bis Slonim gegangen.

Die Artillerie wird jetzt gewöhnlich en Position aufgefahren, und sich an ihre gewöhnliche Platzierung auf dem rechten Flügel der Rgt.er nicht gebunden.

Unser heutiges Unterkommen war, da wir nicht bivouaquiren wollten, sehr schlecht, wir wurden genöthigt, in einer, an der Straße stehenden ausgeplünderten Schenke, welche eine einzige Stube ohne Fenster enthielt, unser Brigade Quartier aufzuschlagen. Zufrieden wie ein König würden wir hier die Nacht zugebracht haben, wenn nicht ununterbrochen Stöhrungen uns den Schlaf vereitelt hätten, denn als ich eben in Begriff stand meinen Körper der Ruhe zu überlaßen, so wurde ich zum Gen.Lt. v.Funk gerufen, und dieser Ruf enthielt nichts als eine Spende einiger weniger Bouteillen Bier, deren es bei ihm in Menge gab, und kaum war diese Tour überstanden, so torkelte ein sich wieder etwas erholter Maroder der nicht wußte, daß wir an den Pforten dieses Hotels ruhten, und der seinem Geist und Körper Stützung verschaffen zu wollen geglaubt hatte, über Kopf und Beine trat. Das diesem durch einige anzügliche Reden die Thüre gewiesen wurde, läßt sich denken. Kaum aber war auch dieses Ungemach entfernt als Ernst kam, mir in finsterer Nacht seine Person darstellte und mich besuchen wollte; da er jedoch mein Lager nicht mit mir theilen wollte mußte er sich bald wieder empfehlen. Noch sollten wir uns der Ruhe für heute nicht freuen; abermals ward ein Adjutant zum Gen: Funk gerufen. Kaum war Heinz fort so glaubte ich nun mich ungestöhrt dem Schlaf überlaßen zu können; allein wüthend stürzte jetzt mein Gen. von seinem Lager und erschöpfte seine ganze Beredsamkeit in Schmähreden gegen die Wanzen, welche ihm wacker zugesetzt haben mochten; um ihn nicht noch mehr zu erbittern, mußte ich dann und wann ihm Gehör geben und wohl auch mit einstimmen; allein die Worte wurden meinerseits immer sparsamer und dumpfer, bis ich schließlich im Schlaf verloren. – Was thut nicht Müdigkeit! – Immer noch zu früh für uns ward

den 10. July früh 5 Uhr wieder aufgebrochen und ein ganz kleiner Marsch nach Slonim zurück gelegt. Wir bezogen heute eine Position und standen die 1.Division vor der Stadt die Front nach dieser; die 2.Division deckte deren rechte Flanque. Ungemein scheint die hiesige Gegend zu militärischen Operationen geeignet und für leichte Infanterie geschaffen zu sein. An und für sich ist sie sehr romantisch, die Stadt hat von außen ein weit besseres Ansehen, als von innen, da sie größtentheils nur von hölzernen Judenhäusern zusammen gesetzt ist. Der Sczara Fluß belebt das hiesige Thal in welchen sehr starke Feldwachten ausgesetzt wurden; von unserer Brigade kam eine Comp von der Brigade Sahr aber das ganze 2.leichte Rgt. Compagnieweise vertheilt auf Feldwacht. Sie waren so aufgestellt, daß sie um das hier ganz gedrängt beisammen liegende Armee Corps herum Front nach allen Seiten machten. Mein Gerneral und wir bivouaquirten heute abermals, und ließen uns bis von Eben, ehe unsere Kaluppen fertig wurden, von der Sonne derb braten, warum weiß ich nicht, da Aengstlichkeit keineswegs meinen Gen. hierzu veranlaßt haben konnte. Da wir aber vernahmen, daß ein Quartier in der Stadt leicht zu erlangen sei, und die Nacht sich mit Regen anließ, welcher uns wohl zu durchnäßen versprach, so wanderte ich noch am Abend in die Stadt um ein Quartier zu regulieren. Ich erhielt es jedoch erst

den 11. July früh im Bernhardiner Kloster, woselbst der gute Wille der hiesigen Patres uns ein recht leidliches Unterkommen verschafften.

Ganz unerwartet wurde heute früh 7 Uhr der Fourier Hoffmann vom 1.leichten Inf.Rgt. nach vorher über ihn gehaltenen Standrecht darum erschoßen, weil er bei einem benachbarten Edelmann, Gold Silber Uhren und dergleichen geplündert hatte. 7 Schützen so an der Plünderung theilgenommen hatten, wurden öffentlich mit Stockschlägen auf den Hintern bestraft. Allgemein freute man sich, daß endlich einmal dem Rechte so volle Gewalt gelaßen worden war, da seit Kurzem die Plünderungen sehr über Hand nahmen. – Unsere Brigade leidet einer lieblichen Ausnahme.

Den heutigen Mittag brachten wir in Gesellschaft des Majors Grossmann und Adjut. Vogel in dem Kloster Refertorio zu. Auch Ernst wurde zum Dinée invidirt da er gerade bei mir war. Des Nachmittags übertrug mir mein Gen. eine Kaffee und Zucker Requisition, welche jedoch, da ich nicht geneigt war, mich derselben ernstlich zu unterziehen, schlecht von Statten ging. Mit Ernst verweilte ich einige Zeit bei Louis, welchen ich Briefe zur Besorgung nach Sachsen übergab. Zufolge des heutigen Befehls mußte die Vorspann durchgängig nach Möglichkeit verringert werden. Unsere Wagen wurden daher sämmtlich 4spännig gemacht und das einzige Bäuerlein, welches von Glinianka her bei uns ausgehalten hatte, endlich entlaßen; wie froh war er zu den Seinen zurückkehren zu können. Den Wunsch zu einer glücklichen Rückkehr erhielt er von uns allen.

Den 12. July brach das Corps früh 3 Uhr auf, paßirte bei Slonim einen Canal und setzte den Marsch nach Polanken dem ersten Ort auf der Straße nach Minsk fort. Der Marsch war 28 Werst oder 4 Meilen. Da wir seit kurzem Mangel an Brod leiden, so muß das Rindfleisch diesen Mangel ersetzen, jeder Soldat erhält daher ½ Portion Brod und eine doppelte Portion sehr gutes Fleisch. Diese Massregel wird jedoch keineswegs durch wirklichen Mangel nothwendg gemacht, sondern darum weil man wegen unseres schnellen Vorrückens nicht im Stande ist die erlangten Vivres den Truppen nachzubringen. An Fourage ist, da wir bis jetzt immer noch alte Vorräthe mit uns führen, noch keinen Tag Mangel gewesen.

Den 14. July brachen wir wieder als die Tete habende Colonne wie bisher früh ½ 4 Uhr auf. Unterwegs hörten wir die erstaunliche Nachricht, dass die Westphälische und Pohlnische Armee unter dem König von Westphalen nur noch 5 Meilen von uns entfernt in Niezwiesz stehe, Marschall Davout bei Minsk und das Oesterreichische Corps unter dem Fürsten Schwarzenberg mit uns in gleicher Höhe rechts. 3000 Mann pohlnischer Truppen hatten vor wenigen Tagen bei Mir unter den Cav. Gen. Rocznicky eine zwar ehrenvolle jedoch unglückliche Affaire gehabt, sie waren auf dem Marsch unvermuthet von einem ungleich stärkeren Feind angegriffen worden und hatten für ihre übertriebene Bravour mit enormen Verlust büßen müssen.

Allem Vermuthen nach vereinigen wir uns morgen mit dem 8. Armee Corps /:die Westphalen:/ welches in Hinsicht der zu erwartenden Subsistenz eben nicht sehr erfreulich für uns ist. Unsre Soldaten beginnen sich selbst die fehlende Nahrung verschaffen zu wollen, jedoch wird kräftig dagegen gewirkt.

Nachdem wir 21 Werst zurück gelegt hatten, paßirten wir das elende Städtchen Snow, wo selbst in einem sehr schönen Schloße, das erste was wir seit Warschau als einen Rittersitz erkannten, ein verabschiedeter pohlnischer General hauste, bei dem der Gen. Reynier, der heute noch nach Nieszwiesz ins

Westphäl. Königl. Hauptquartier geht, dejeunirte. Bei Passierung von Snow, woselbst wir angehalten hatten, sendete der Gen.Lt. v.LeCoq mich mit einem Auftrag an den bereits vorausgerittenen Gen.Lt. v.Funk. Unsere heutige Tour führte uns durch die schönsten Fluren aller Arten von Getreide, so wie durch mehrere von den Rußen verheerte Dörfer, deren Häuser hier schon keine Feueressen mehr haben. Das Deutsch der Juden dieser Gegend wird sehr undeutlich.

Bei Kockannewitz einem elenden Dörfchen bezogen wir einen Bivouac. Das die Einwohner desselben durch unsere Nähe nicht wohlhabender wurden, lässt sich denken, denn eine Herde Pferde, welche sich auf der Weide befand, war gleich das erste, was uns zu Complettierung unserer Artillerie und Train Pferde dienen musste, auch ich traf hier auf Veranlassung des Lt. Kuhnert einen Tausch mit der vor wenig vom Lt. Brük mir überlassenen Schecke, gegen einen passables Füchschen, welches doch wenigstens vor der Hand die Schonung meiner beiden Pferde gestattete; zwar sollte des Abends rectamirt werden, allein da ein anderes Pferd dafür eingestellt worden war, so ward sich begnügt.

Unser Logis war abermals mit Mann und Roß in einer großen Scheune, die ich erst von Heu reinigen ließ. Alles zusammen unter einem Dache war heute nicht so angenehm, als die vergangenen Tage.

Die 1. Divis. war uns zur rechten platzirt worden, jedoch beinahe ¾ Stunden entfernt. Die Feldwachten so wir heute aussetzten, waren wieder schwach.

Den 15. July brachen wir, obschon wir die Queue hatten, früh ½ 4 Uhr auf um uns an die voraus stehende 1. Divis. anzuschließen. Nach einem 3stündigen Marsch bezogen wir gegen 9 Uhr früh den vortrefflichsten Bivouac, den wir bisher hatten, bei der nicht ganz unbedeutenden Stadt Kletzk. In einem Thal auf einer üppigen Wiese, welche durch das Laubholz gerade so groß sich bildete, als wir sie zum Place d'armes bedurften, fanden wir heute unsere Ruhestätte, an

Lagermaterial fehlte es uns hier nicht, wohl aber gebrach es uns an Wasser, denn dieses mussten wir, da der Gen.Lt. v.Funk uns den Brunnen vorenthielt, welchen er in seinem nahe gelegenen Hauptquartier hatte, in Kletzk selbst holen lassen.

NB. Gen. Reynier dem diese wenige Fürsorge für seine Untergebenen sehr bald zur Kenntnis gebracht worden war, soll ihn hierüber ziemlich empfindlich angeredet haben.

Des Nachts ½ 11 Uhr erhielt ich zu meiner großen Freude mehrere Briefe von meiner Mutter, welche ich an den schon halb verloschenen Wachtfeuer noch mit vieler Anstrengung und Freude laß, während daß die Niesemeuschler um mich her den Intendanten rühmten, der sie heute wacker mit Meth versehen hatte.

Nacht 12 Uhr als alles sich den Schlaf fast überlassen hatte, allarmirte uns Gen. v.Funk welcher die Meldung erhalten hatte, dass sich auf dem Vorposten des Lt. v.Seitzschütz vom Rgt. König ein Kosakentrupp gezeigt habe, indeß als 2 Comp. v.Niesemeuschel zur Deckung des Haupt Quartiers auf die Straße nach Slonim und 1 Comp. leichter Infanterie zur Unterstützung der bedachten Feldwacht vorgerückt und starke Patrouillen nach dem Feind zu ausgesendet worden waren, hatte etwas weiteres nicht entdeckt werden können.

Den 16. July früh wie gewöhnlich aufgebrochen und links abmarschirt. Der heutige Marsch bewieß, dass wir einer anderen Bestimmung entgegen gehen, denn er enthielt eine retrograde Bewegung in der Direktion von Slonim. Wir erfuhren bald, dass wir bestimmt wären die Osterreicher welche in der Gegend Kobryn und Brczesz Litewsk, das Haupt Quartier des Fürsten Schwarzenberg aber in Pruzanny, standen, abzulösen sie dagegen sollten sich mehr nach den Centro der großen Armee ziehen.

Unser heutiger Marsch wurde durch den ununterbrochenen heftigen Regen, der alle durchaus durchnässste, sehr unangenehm. Die Aussicht mit den ganz durchnässsten

Kleidern auf den nicht minder nassen Bivouac zu rücken, war nicht die angenehmste. Der 7 Stunden starke Marsch ging bis Lachowice, einem elenden Städtchen. Die Brigade bezog ein Bivouac am Kirchhof, und wir eine Scheune in den ganz nahe dabei gelegenen Dörfchen, welches der Brigade zur Erbauung des Bivouacs überlassen wurde. Die Brigade Sahr war in dem Städtchen einquartiert.

Eine Stunde nach unserer Ankunft verwandelte sich zu unsrer sehr großen Freude das schrecklichste Wetter in das schönste um, und ehe noch Abend war, war alles trocken und bivouaquirte mit allgemeinem Vergnügen. Der Park und alle übrigen Abtheilungen standen wieder in gedrängter Ordnung beisammen, die 1.Divis. rückwärts ½ Stunde von den Ort.

Den 17. July ward unser Abmarsch auf früh ½ 5 Uhr festgesetzt, er konnte jedoch wegen der mit der Wagenburg marschirenden 1.Divis. erst gegen 6 Uhr angetreten werden. Selbst dann noch ging derselbe äußerst langsam, da der böse Weg, der sich zu keiner Zeit als Colonnenweg eignete, uns den Marsch ungemein erschwerte. Sehr viel ähnliches hatte für mich der heutige Marsch mit dem 1806 nach Roda. Erst gegen 9 Uhr des Abends hatten wir den 8stündigen Marsch zurückgelegt, und das Bivouac bei Ostrow bezogen. Wir setzten heute weder Feldwachten aus, noch nahmen wir fast etwas zu unserer Sicherstellung vor, welche auf Feindseligkeiten Bezug gehabt hätten.

Wir residirten wieder wie gewöhnlich in einer Scheune.

Den 18. July marschirte die Brigade so wie die 1. Div. nach dem Städtchen Bytyn, die Brigade Sahr rastete heute und bezog um Ostrow sowie um Bytyn Cantonnements. Eine andere Absicht, als uns einige Erholung zu gönnen, konnte wohl hier nicht stattfinden. Das Rgt. König und sämmtliche Artillerie des Corps kam in den Ort zu liegen, das Rgt. v.Niesemeuschel aber in ein ganz nahe dabei gelegenes Dorf. Unser Quartier war am Markt in einem ganz leer stehenden Haus.

Den 19. July Rast, der uns, obschon die Quartiere nicht sonderlich waren, doch sehr willkommen war. Gen. Reynier hatte sein Haupt Quartier auf dem hiesigen Kloster. Heute erst erreichte uns der Hauptpark wieder.

Des Abends erhielt mein General den Befehl mit den beiden Infanterie Rgt.rn König und Niesemeuschel und 3 Escadrons Uhlanen unter dem Obersten v.Zezschwitz der seit wenig Tagen erst das Commando dieses Rgt.s erhalten hatte, dem Corps voraus zu gehen und den Marsch auf Kobryn anzutreten. Dort sollte er die Kaiserl. Oesterreich. Posten ablösen und das Rgt. König sowie ein Detachement Uhlanen auf Brczesz Litewsk zu gleichen Behuf detachiren.

Den 20. July marschirte unsere Colonne früh 4 Uhr ab /:das Corps blieb heute noch in seinen gestern eingenommenen Cantonnements:/ und traf Mittags 12 Uhr in Kossow ein, und ward da wir Unterkommen fanden, die Infanterie in Kossow einem kleinen Städtchen, die Cavallerie aber 2 Stunden darüber hinaus in einem Dorfe einquartirt. Leutn. v.Low und ich waren, er als beauftragt die benöthigten Vivres herbeizuschaffen, ich als Quartiermacher fürs Ganze voraus gegangen, wir trafen daher, ob wir schon uns unterwegs bei einem Edelmann, der uns zu einen Dejeuner invidirte, einige Zeit verhalten hatten, dennoch mehrere Stunden früher ein und besorgten unsere Geschäfte. Unser Quartier war auf dem Schloss des Fürsten Czatorisky, wohin des Mittags 1 Detachement v.Klenau Dragoner und mehrere Oesterreich. Officiers vom Generalstaab kamen, welche dem Fürsten Schwarzenbergschen Corps voraus gingen; Obr. Vogel gab hier sein Abschieds Gesuch ein und begab sich schon am folgenden Morgen nach Slonim, um dort seine Entlaßung zu erwarten.

Die Verpflegung unserer Truppen erfolgte hier durch Requisition mit vieler Bereitwilligkeit und Ordnung da wir besonders noch einen Königl. Commissär nachgeschickt erhielten, dessen Geschäfte nur darin bestanden, für die Verpflegung unseres detachirten Corps Sorge zu tragen.

Den 21. July war unser Aufbruch auf früh 4 Uhr festgesetzt, konnte jedoch des ankommenden Oesterreich. Corps halber, erst nach 6 Uhr erfolgen. Selbst dann noch ging der Marsch, da wir noch dem ganzen Fuhrwesen des Corps begegneten, sehr langsam. Feld Marschall Lieutenant Bianchy war mit seiner Division bereits in der vergangenen Nacht auf dem Bivouac bei Ostrow eingetroffen, um uns den Marsch so wenig als möglich zu behindern. Die Artillerie, welche das Corps in Menge mit sich führte, zog wegen ihrer ganz vorzüglichen Bespannung alle unsere Aufmerksamkeit auf sich. Den Fürsten Schwarzenberg begegneten wir nebst seinen ganzen General-stab, als wir ohngefähr die Hälfte des Wegs zurückgelegt haben mochten; sein Exterieur nahm uns alle sehr für diesen jungen schönen Mann ein.

Unser Quartier war heute in Kartuska Berezina nebst den Stäben beider Infant. Regimenter in dem Kloster wo wir alles in sehr schlechter Verfaßung fanden; die Brigade war im Ort einquartirt, an Verpflegung fehlte es heute, wo wir Vorräthe in Menge trafen garnicht. Vom Rittmeister Heymann, der seit Bytyn der Colonne voraus ging, theils um vorläufig Erhaltung zur Verpflegung zu treffen, theils um so viel als möglich Nachrichten vom Feind einzuholen, ging heute ein sehr detallirter Bericht ein.

Den 22. July früh 4 Uhr aufgebrochen und nach dem Städtchen Pruzanny marschirt. Da wir Nachrichten von der Annäherung der Rußen erhielten, so wurde geladen, und vor den Ort auf des Feindes Seite eine Menge Feldwachten zu unsrer Sicherheit ausgestellt; dem ohngeachtet wurde alles einquartirt jedoch mehrere Häuser als Alarmhäuser belegt.

Da unser Quartier selbst nicht viel einladendes hatte, so nahmen wir die Offerte des hiesigen Oberlandes Commissär v.Szwykowsky einen Theil unserer Zeit bei ihm zu verweilen sehr gern an.

Ein Marquetender, welcher sich hatte gelüsten lassen für die jetzt sehr gangbare Münze, welche das Gepräge der Requisition fußte, einem benachbarten Guthsbesitzer mehrere Pferde abzunehmen, ward beim Einreiten angehalten und durch Abnahme der Pferde und seiner Pässe bestraft, die Pferde kamen jedoch nicht wieder in die Hände des Besitzers sondern in die Geschirre unseres Fuhrwesens, das beste derselben aber in die des Hauptquartiers.

<u>NB.</u> Unterwegs begegneten wir den Oesterreich. Obr. Suden mit der Arriergarde des Schwarzenbergschen Corps. Es bestand aus:
1 Escad. Kienmayer Husaren
1 Bat. Warasdiner

Die Haltung dieser Leute, so wie ihre Montirung und Armirung war ganz vortrefflich. Beide sich kreuzende Colonnen marschirten mit klingenden Spiel und in größter Ordnung beieinander vorüber.

Den 23. July nach Tebele einem mittleren Dorfe. Die Brigade bivouaquirte vor demselben, wir waren beim dasigen Edelmann einquartirt. Obr. v.Zezschwitz ging heute nach Kobryn um von den dort stehenden Oesterreich. Gen. Zechmeister vorläufig über alles Erkundigung einzuziehen. Auch ich mußte diesen Abend noch mit den beiden Adjutanten v.Zimmermann und Beker nach Kobryn abgehen, um dort alles zur Ankunft der Brigade in Bereitschaft zu setzen und die benöthigten Vivres und Bivouac Materialien herbei schaffen zu laßen. Gegen 10 Uhr trafen wir und bald nach uns unser Kriegs Commissär in Kobryn ein. Ein Ungarischer Husaren Unterofficier führte uns zwar zu den uns nöthigen Behörden, konnten jedoch für heute nur sehr wenig arrangiren. Wir wurden zusammen einquartirt und pflegten der gewünschten Ruhe, nachdem wir Nachts 12 Uhr noch sehr ordentlich gespeist worden waren.

Den 24. July meldete ich mich früh 7 Uhr bei dem Oester. General Zechmeister /:ein Mann der seinem Exterieur nach den

Namen mit der That zu fügen scheint:/. Er commandirte seit dem Abmarsch des Oester. Corps die hier noch stehenden einigen 100 Mann Husaren v.Kienmayer /:sonst Wormbser:/ zu deren endlicher Ablösung wir bestimmt waren. Gleich Anfangs, als er mit Zimmermann und mir das Terrain wohin die Bivouacs kommen sollten, nur etwas beritt, versicherte er uns, wir würden hier einen harten Stand bekommen, denn der Feind wäre stark. – Unsere Uhlanen trafen nach 8 die Infanterie gegen 9 Uhr früh vor Kobryn ein. Achtzig Pferde unter dem Rittmeister Heymann waren zur interimistischen Besetzung von Brczesz Litewsk bereit dahin abgegangen und müßten heute dort /:7 Meilen von hier:/ eintreffen, um die daselbst stehende Oester. Husaren Escadron abzulösen.

Abb. 07 Gegend von Brest (Przesk), Kobryn und Janow

Das Rgt. König welches bestimmt war Brczesz zu besetzen setzte den Marsch sogleich bis Pulkow, 4 Meilen weiter fort um den folgenden Tag in Zeiten den Ort seiner Bestimmung zu erreichen.

Das Rgt. v.Niesemeuschel bezog vor Kobryn rechts, die 3 Escad. Uhlanen aber links der, über die Muchabitz führenden Brücke Bivouac. Die Uibergabe der Vorposten der ich beiwohnte, war Nachmittags gegen 2 Uhr beendigt, und es standen selbige ohngefähr folgendermaßen:

1 Unteroffc. 4 Uhlanen auf der großen Straße nach Brczesz am Wirthshaus bei Patriky Stachezky patrouillirten vorwärts und links.

1 Unteroffc. und 8 Musquetiers rückwärts dieses Posten als Replie für selbige am Wirthshaus ohngefähr des äußerlichen Spitals.

1 Unteroffc. 6 Uhlanen vor Patriky Krulewsky beobachteten die Wege nach Petzky und Uskowisza und unterhielt durch Patrouillen die Communication nach Chydry. Der Weg zu diesen Posten sowohl, als zu den in Chydry befindlichen und aus

1 Unteroffc. und 6 Uhlanen bestehenden , wurde, wo er sich vor dem Holzwiegehof theilt mit

1 Unteroffc. und 8 Musquetiers besetzt.

1 Officier und 40 Mann Infanterie als Replieposten für die vorstehende Cavallerie bei dem rückwärts an der Straße gelegenen Wirthshaus vor Borykow. Links dieses Postens stand auf der kleinen Dywiner Straße am Ausgang des Waldes

1 Unteroffc. und 6 Uhlanen, theils um diesen Weg zu observiren, theils um durch Patrouillen die Communication rechts zu unterhalten. Rückwärts dieses Cavallariepostens befand sich

1 Unteroffc. 12 Mann Infanterie welche sowohl als Replie für jenen dienten, als bestimmt waren, die vor sich habende Holzung zu observiren. Die linke Flanke dieser Chaineposten deckte ein großer Sumpf der nicht zu paßiren war. Die Straße nach Antopol war durch

1 Officier 24 Mann Infanterie beobachtet, welche außerhalb der Stadt ohnweit des Kirchhofes standen, und hatten einen vorgeschobenen Cavallarieposten von

1 Unteroffc. und 4 Mann welche nach Horodez zu patrouillirten. Als Communication zwischen den 2 letzterwähnten Infanterieposten, war annoch auf der kleinen Dywiner Straße

1 Unteroffc. 4 Mann Infanterie bei der hier befindlichen Windmühle aufgestellt. Uiberdieß war vor der Stadt an den so genannten Gärten eine stete Bereitschaft von

1 Escad. Uhlanen und 1 Comp. Infanterie wo vor letzterer noch 1 Unteroffc. und 12 Mann das vor der Ziegelscheune zwischen den beiden Dywiner Straßen gelegene sehr sumpfige Terrain beobachteten. Jenseits der Muchabitz waren unsere Flanken nur durch 2 schwache Infanterieposten beobachtet, da sie nicht sehr gefährdet schienen.

Die äußerlichen Vorposten standen uns nicht zu sehr entfernt, doch so daß die unseren 1 Stunde im Umkreis entfernt von uns standen. Im Vergleich deßen wie die Osterreicher alle diese Posten besetzt gehalten hatten, waren sie jetzt von uns durchgängig zu schwach occupirt; indeß ward er im Vergleich auf unsere Combattantenzahl nach Möglichkeit stark besetzt, denn die ganze Besatzung Kobryns und seiner umliegenden Gegend bestand aus 200 und etlichen 20 Uhlanen und 7 schwachen Compag. des Rgt.s v.Niesemeuschel.

Nachmitags 5 Uhr marschirten die Oesterreicher ab, nachdem wir zuvor noch in Gesellschaft des General Zechmeister und der Officiers seines Generalstaabes einen sehr vergnügten Mittag verlebt hatten.

Gegen Abend beritt der Gen. die sämmtlichen Infanterie und einen Theil der Cavallerie Feldwachten in Gesellschaft des Obr. v.Zezschwitz, ich mußte ihn begleiten. Er war mit der Aufstellung des Ganzen zufrieden und behielt sich nur die Abänderung einzelner Posten für die folgenden Tage vor. Unsere beinahe 3stündige Tour verschaffte uns einige Terrain Kenntniß der hiesigen Gegend, und mußte uns einige Besorgnis im Fall eines ernstlichen Angriffs erregen da wir besonders mit so einer kleinen Anzahl Cavallerie nicht im Stande waren die ganze fast überall zugängige Gegend zu decken.

Eben hatten wir uns, da wir alle von unseren heutigen Geschäften ziemlich fatiquirt waren, auf unsere Streu gelegt, als plötzlich Obr. Brüllet Major Stünzner und Ingenieur Lt. Erhardt bei mir eintrafen und schleunigst von mir neuen Vorspann verlangten, da sie in pressanten Angelegenheiten sogleich nach Brczesz gehen sollten, allein wo nichts ist, sagt man gewöhnlich im Sprichwort, hat der Kaiser das Recht verlohren; der Mangel an Vorspann nöthigte sie zu wenigen Stunden Halt, und zu ihrem Glück gegen 12 Uhr Nachts erst waren sie im Stande ihre Courierreise fortzusetzen. Der übrige Theil der Nacht verfloß ruhig;

Der 25. July brach heran, alle Tagepatrouillen kehrten mit der Nachricht zurück, daß nichts Veränderliches vorgefallen sei. Gegen Mittag erhielten wir durch den Brigade Adjutanten v.Brause, welcher mit Aufträgen des General Reynier als Courier über Brczesz Terespol Koczk Lublin und Zamosk nach Lemberg hatte gehen sollen, und wegen des angekommenen Feindes seine Tour nicht hatte fortsetzen können, die Nachricht, daß der Rittmeister Heymann diese Nacht in Brczesz von einem ihn weit überlegenen Feind angegriffen, und nach einem für die Schwäche seines Commandos sehr hartnäckigen Gefecht mit dem größten Theil seines Commandos bleßirt und gefangen gemacht worden sei. Bald wurde diese Nachricht sowohl durch die Rapports des Obersten v.Göphardt als des Prem.Lt. v.Bärenstein bestätiget; ersterer bat, da der stark vorrückende Feind, der blos aus Cavallerie bestehe, und Brczesz schon besetzt hatte, ihm die Fortsetzung des Marsches ohnmöglich mache, um Verhaltungsbefehle, bis zu deren Eingang er mit dem Rgt. König in der für ihn sehr vortheilhaften Position bei Pulkow, wo er in seiner Front sowohl, als in beiden Flanquen durch den hier fließenden sehr starken Bach, im Rücken aber, durch die Stadt selbst gedeckt sei, werde stehen bleiben. Pr.Lt. v.Bärenstein hingegen meldete die Affaire selbst so ausführlich, als es sich unter den Umständen thun ließ, und war ohngefähr folgendermaßen:

Nach dem Eintreffen des Commandos des Rittmeister Heymann und der von ihm erfolgten Postenübernahme, welche des Nachmittags 5 Uhr erfolgt war, erhielt er am Abend durch 1 pohlnischen Edelmann von der Annäherung des Feindes Nachricht; er sendet sogleich Patrouillen auf der Straße von Kaminiecz bis Kupi und Priluky, um von ihnen die Bestätigung dieser Nachricht zu erhalten, doch mit den zurück kehrenden Uhlanen kommt auch zugleich der feindliche Vortrab bei seinen ausgesetzten Feldwachten an. Er läßt diese sammeln, und nimmt mit dem Haupttrupp ¼ Stunde vor der Stadt an der Straße nach Kobryn eine Stellung, während der Pr.Lt. v.Bärenstein mit mehrern Plänklern die Stärke des Feindes recognoscirt. Dieser hatte sich bald von der Uiberlegenheit deßelben überzeugt, war zurückgegangen, und hatte hinter dem Haupttrupp ein Replie formirt. Der Feind, ohngefähr 150 Mann stark war indeßen vor dem Haupttrupp angekommen und aufmarschirt; ein trockner Graben, den der Rittmeister Heymann zu Deckung seiner rechten Flanke gewählt, hatte diesen gestattet, unbeweglich halten zu bleiben, und in dem Moment, als der Feind im Begriff ist, über diesen Graben zu setzen ihn mit einen Feuer aus dem Pistol zu empfangen. Der Feind wird hierdurch wankend, Rittmeister H. benutzt diesen Augenblick und wirft sich mit guten Erfolg auf seine rechte Flanque da jedoch die Stärke der feindlichen Front der seinen sehr überlegen, so unternimmt er noch eine besondere Attaque auf die feindliche linke Flanque, welche durch die Unterstützung Bärensteins der sie tournirt, auch völlig reussirt. Er hatte den Feind bis an die Stadt verfolgt, und ihm bei dieser Gelegenheit den Verlust von 5 todten und 12 Gefangenen zugezogen. Doch bald darauf avancirt eine aus ca. 300 Mann des Ulanen Tataren Regiments bestehende Colonne auf ihn zu, er sieht, dass jetzt nicht mehr Zeit ist, dass Gefecht zu vermeiden, er stürzt sich daher in Carrier abermals mit den größten Erfolg auf den Feind, und bringt ihn bis auf den ½ Weg vor der Stadt, hier findet ein kurzer Stillstand des Gefechts statt, da es den unsern nicht weiter möglich gewesen die überlegenen feindlichen Maßen zurückzudrängen. Jetzt hatte sich der Rittmeister überzeugt, dass der wenigsten 4mal stärkere Feind die Absicht habe, ihn einzuschließen und gefangen zu nehmen, er entschließt sich daher zu einem schnellen Rückzuge; doch kaum hat er 300 Schritt zurück gelegt, so stürzt er, und wird vom Feinde umringt. Uiber sein ferneres Schicksal so wie über das des S.Lt. v.Salza und 26 Uhlanen war man ungewiß, da mehrere theils geblieben, theils bleßirt und mit den ganz entkräfteten Pferden gestürzt in feindliche Hände gerathen waren. Mehr als 150 Mann hatten den Pr.Lt. v.Bärenstein bis 1 ½ Stunde vor Pulkow verfolgt, 3mal hatte er versucht sich zu setzen jedoch war es ihm der Uiberlegenheit des Feindes wegen nicht eher gelungen, als eben 1 ½ Stunde vor genannten Ort, wo er an einem Holzrand aufmarschirt war, und durch vorgeschickte Plänker den Feind von dem weiteren Verfolgen abgehalten hatte.

Der Verlust dieser Affaire hatte, wie sich später ergab unserer Seits in 8 Todten und Vermißten, 2 bleßirten und gefangenen Officiers und 26 Unt.Offic. und Uhlanen bestanden unter denen sich 12 bleßirt befanden. Der Verlust des Feindes soll nach 2 Attaquen und da viele der Nachsetzenden von unseren Uhlanen theils getödtet, theils bleßirt worden sind, im Verhältniß bedeutender gewesen sein. 3 Gefangene und 7 Beutepferde wurden noch nach Kobryn gebracht, die übrigen waren auf der Retirade wieder entkommen.

Schade war es daß die ungemeine Entschloßenheit und Bravour unserer Cavallerie mit keinen günstigeren Erfolg belohnt wurde, der bei verhältnißmäßigen Streitkräften nicht ausbleiben konnte, aber der Feind hatte, wie wir später von dem Obersten Knorrig /:Commandant des Uhlanen Tataren Rgt.s:/ selbst erfuhren, beidemal mit einer bedeutenden Uibermacht angegriffen. Er selbst hatte mit dem Rest seines Rgt.s und 2 Kanonen en reserve gestanden, und die Avantgarde des Corps des Grafen Lambert gebildet, welches aus 10000 Mann als: 8 Rgt. Infanterie, 1 Rgt. Uhlanen Tataren, 1 Rgt. Husaren, 1 Rgt. Dragoner und 1 Pulk Kosaken bestand, und aus der Moldau kommend, den 24. ohne aufzuhalten einen Weg von 6 Meilen bis nahe vor Brczesz zurückgelegt hatte.

Oberst v.Göphardt erhielt den Befehl, mit einbrechender Nacht Pulkow zu verlaßen und sich in aller Stille auf Kobryn zurück zu ziehen. Obr. Brüllet Major Stünzner und Ingenieur Lt. Erhardt kamen heute, da sie den Ort ihrer Bestimmung ebenfalls nicht hatten erreichen können, zurück und erstatteten von hier aus ihre Rapports ins Haupt Quartier /:welches heute in Bestecz sich befand:/ und waren hier weitere Befehle erwartend. Vor Abgang dieser Rapports war jedoch die Meldung des Generals über die Annäherung des Feindes und über die Affaire des Rittmstr. Heymann durch den Lt. v.Gössnitz bereits an den General Reynier befördert und zugleich auf Verstärkung angetragen worden, da der starke Dienst besonders bei der wenigen Cavallerie ohne gänzlichen Ruin der Truppen, ohnmöglich fortwährend so wie jetzt bestritten werden könne; doch ich weiß nicht, maß man diesen Rapport nicht den gehörigen Glauben bei, oder hielt man die Gegend von Kobryn den Charten nach für fester, als sie es in der Wirklichkeit war, kurz die Folge bewieß, wie wenig man auf diesen Rapport geachtet hatte.

Des Nachmittags, als wir eben unser Dinée beim General beendet hatten, traf der Oesterreichsche Husaren Rittmeister Miklosky der mit seinem bei sich habenden Detachement in Brczesz durch den Rittmstr. H. abgelößt worden war, bei uns ein und bestätigte uns das, was wir bereits von daher wußten. Er bedauerte sehr das Schicksal der R. H. und äußerste den Wunsch, als Unterstützung bei uns zu bleiben, als von unseren Vorposten die Meldung einging, daß wir ohne Zweifel in Kurzen von einer bedeutenden Cavallerie Colonne angegriffen werden würden, die sich auf der großen Dywiner Straße unsren Vorposten nähere. Die Affaire begann, der dort stehende Feldwachtposten ward von einigen 100 Kosaken angegriffen, doch behauptete er seinen Platz, während das Oesterreich. Commando ohne weiteres sich von uns abzog, und uns dadurch vermuthend machte daß es ihm doch nicht so ernstlich darum zu thun sei, hier an unserer Affaire Theil zu nehmen. Die Plänker amüsirten sich länger als 2 Stunden, Lt. Ludwiger, der commandirte, hatte jedoch dabei nicht mehr als 2 Bleßirte und da durch das anhaltende Plänkern theils die Pferde fatiquirt waren, theils die Munition zu Ende ging, so mußte Lt. v.Pflugk noch am Abend mit neuen Pferden diesen Posten occupiren. Sämmtliche Infanterie stand während dieser Zeit unter Gewehr, das 2. Bat. v.Niesemeuschel ward an der großen Dywiner Straße in den rechts derselben gelegenen Obstgärten platzirt, um im Fall feindliche Cavallerie sich uns nähere, ohne den mindesten Nachtheil ihr den heftigsten Abbruch thun zu können.

NB. 2 Canons von Niesemeuschel platzirte der General sehr nachahmungswerth unter der Brücke vor der Stadt, um theils die Furth der Muchabitz theils den Weg in die Stadt zu bestreichen, da jedoch der Artillerie Lt. v.Glowacki bald einsah, daß er dergestallt wenig affectioniren werde, so platzierte er sich nach Belieben beßer.

Gegen 10 Uhr Abends wurde ich abgesandt, um sämmtl. Vorposten zurück zu ziehen, da zu erwarten stand, daß die beinahe $\frac{5}{4}$ Stunde weit vorstehenden Posten bei einer schnellen Annäherung des Feindes leicht abgeschnitten werden möchten. Der Kreis der Chainenposten war daher in dieser Nacht der Stadt ziemlich nahe, die Punkte derselben waren auf der Antropler Straße der Kirchhof, auf der kleinen Dywiner Straße die Windmühle, auf der großen der Helwigshof und auf der Brczesczer das äußere Spital, die jenseits der Muchabitz aufgestellten Posten an der alten Brczesczer und Pruzannyer Straße, so wie der auf dem Weg nach Luzyky stehenden blieben unverändert. Die Nacht hindurch welche ruhig verstrich brachten wir unter Gewehr zu. Der General und wir befanden uns hinter der Stadt auf dem Bivouac des Rgt.s v.Niesemeuschel und erwarteten mit Anbruch

NB. Die Equipage ward früh nach Lutziky zu zurück geschickt, und die Zimmerleute des Rgt.s v.Niesemeuschel mit ihr, um die dortige Brücke im Fall sie defect wäre, sogleich zu repariren, damit auch wir im Fall der Noth dorthin unsere Retraite nehmen könnten, nur allein die Zimmerleute gaben über die Beschaffenheit der Brücke keine Nachricht und niemand erahnte deren gänzliche Unbrauchbarkeit, da kurz vorher Gen. Zechmeister sie noch paßirt hatte.

des 26. July ganz gewiß einen Angriff, allein zu unserer allgemeinen Verwunderung erfolgte er nicht, sämmtliche Tagespatrouillen kamen zurück und meldeten die zwar zieml. nahe Stellung der ruß. Vorposten, doch gestatteten jene daß die unsern wieder ihre gestern zuletzt inne gehabte Stellung wieder occupiren konnten. Alles bis mit Ausschluß des 2. Bat. Niesemeuschel rückte daher wieder ein. Das Rgt. König hatte sich gestern Abend 10 Uhr in aller Stille von Sulkow abgezogen und traf ohne vom Feind gedrängt worden zu sein, mit dem Rest des Heymannschen Commandos früh gegen 8 Uhr bei Kobryn ein, und bezog hinter der Vorstadt, welche im Rücken des Niesemeuschler Lagers war, einen Bivouac. Lieutenant. v.Nostitz ward sogleich mit der Meldung hiervon in das Hauptquartier des Gen Reynier gesendet. Der heutige Tag verstrich ganz ruhig, wir hatten zieml. Muse unsere hier sehr gut geordnete Verpflegung zu genießen, und die gestrige kleine Kriegsscene war für uns alle von sehr ersprießlichen Nutzen, da sie Veranlaßung gab, jeden mit seinem Posten im Fall eines Angriffs bekannt zu machen. Sicher wäre dies ohne die Ereigniße des gestrigen Tages nicht so leicht geschehen, da mein General sich immer noch Abrahams Schoos wähnte.

NB. Ein Menge Juden wurde heute als Spions abgesendet, um so viel als möglich Nachricht von der Stärke und der Stellung des Feindes zu erlangen. Obschon sich eben auf die Sicherheit dieser Spions nicht wirklich zu verlaßen war; einer dem man es grade am wenigsten zugetraut hatte, brachte jedoch freilich zu spät während des Gefechtes am 27. die beste und ausführlichste Nachricht, der großen Entfernung halber hatte er nicht früher Eintreffen können.

Mit Einbruch des Abends wurden wieder die gestrigen Sicherheitsmaasregeln ergriffen. Rgt. König rückte die Nacht auf den Bivouac von Niesemeuschel, das 1.Bat. Niesemeuschel als Reserve auf den Markt in die Stadt. 2 Kanons von Niesemeuschel wurden auf der Dywiner Straße und 2 auf dem Markt en reserve platzirt. 2 Kanons von König deckten das Terrain rechts des Rgt.s König, 2 links deßselben. In welche Verwunderung wir uns alle versetzt sahen, läßt sich nicht denken, als wir des Abends gegen 9 Uhr durch den aus unsern Haupt-Quartier zurückkommenden Lt. v.Gössnitz nächst der Ordre zu Anlegung eines großen Magazins und zu Erbauung von 8 Backöfen, als Antwort auf das gestrige Gesuch um Verstärkung die Ordre erhielten Brczesz womöglich wieder zu nehmen, ein starkes Detachement womöglich 1 Bat. König vor Pruzanny auf die von Brczesz kommende Straße zu senden um Pruzanny /:wo die Kriegskaße und die gesammte Equipage des Corps stand:/ zu decken, und die Communication zwischen diesen Ort und Kobryn zu unterhalten, Kobryn für alle Fälle zu behaupten und starke Patrouillen nach Dywin zu senden. – Diesen Befehl hatten wir nicht erwartet, weil seine Ausführung grade zu in den Grenzen der Ohnmöglichkeit lag. Wir konnten jetzt, wo durch mehrere unserer Rapporte das Haupt-Quartier ebenso, als wir, von der Lage der Dinge enfait gesetzt waren, nichts anderes vermuthen, als daß wir hier, als Opfer fürs Ganze aufgestellt und jedem Schicksal preisgegeben waren, denn auf Succurs konntern wir im Fall eines baldigen Angriffs nicht rechnen. Da das Corps den 25n bis Bezdez marschirt war, den 26n gegen Jannow rücken sollte.

Ein Bat. des Rgt.s König konnte, da das ganze Rgt. bereits schon die verfloßene Nacht einen sehr fatiganten Marsch zurückgelegt hatte, zur Deckung von Pruzanny nicht abgehen, sondern es bestimmte der General hierzu nur 283 Mann des 1. Bat. Niesemeuschel unter dem Major v.Bose welchen er vor seinen Abmarsch Abends 10 Uhr zu folge erhaltener Ordre noch die Weisung ertheilte, sich im Fall eines Angriffs mit der

Kriegs-Kaße und Equipage auf Kartuzka berezina zurück-
zuziehen. Nach Abzug dieses Commandos, wo die disponible
Mannschaft des 1.Bat. Niesemeuschel nur noch in 20 Mann
bestand, traf zu unsren Glück die 5.Comp. und ein Theil der 7.
dieses Rgt.s, welche erstere bisher noch beim Brückentrain,
letztere aber in Gohra an der Weichsel zurück gewesen war,
ein. Desgleichen kam auch der als Courier versendet gewesene
Lt. v.Nostitz aus dem Hauptquartier zurück.

Den 27. July früh 2 Uhr lößte das Rgt. König sämmtliche
Feldwachten des Rgt.s v.Niesemeuschel ab, und da nach der
Rückkehr aller Tagespatrouillen Nichts vom Feind zu hören
war, so rückte Alles wieder auf seine Bivouacs ein, was nicht
im Dienst war. Nach 4 Uhr ließ der Major v.Geka, welcher mit
seiner Escadron auf Bereitschaft an der Brester Straße stand,
melden, daß man auf genannter Straße in der Entfernung eine
starke Cavallerie Colonne anrücken sähe. Schleunigst begab
sich alles wieder auf seine Posten, das Rgt. König rückte in die
Stadt, und nur die Escadron Mathai deckte jenseits der
Muchabitz die Furth, welche auf den rechten Flügel unseres
Bivouacs war. Major v.Geka rückte mit seiner Escadron
sogleich bis auf den Punkt vor, wo die große Straße von Brest
sich in 2 nach Kobryn führende Wege theilt, um von dieser
Seite beide Eingänge des Orts nach Kräften zu decken, und
den möglichsten Widerstand bei einem gewiß zu erwartenden
schnellen Angriff zu leisten. Schon bei seiner Ankunft an
obergenannten Punkte, wurden die Vorposten mit Uibermacht
zurück gedrängt und er sah sich genöthigt, sogleich 1 Officier
mit einem Zuge zu Unterstützung selbiger vorzuschicken,
worauf die feindlichen Plänker stutzten, da von ihnen der
Uibergang durch einen ziemlich tiefen Waßergraben, der sich
zwischen beiden Theilen befand, gesucht werden mußte. Es
verging beinahe ½ Stunde, ehe wieder ein Pistolenschuß fiel,
und während dieser Zeit zeigte es sich, daß der Feind mit
seiner ganzen Maße von Brest herkam, denn die ruß.
Cavallerie, gegen 15 Escadrons stark, marschirte hinter den
links an der Straße befindlichen lichten Birkenwäldchen en

Ligne auf, detachirte sogleich 2 Escadrons in vollem Trab auf die bei dem Dorfe Patriky Krulawsky befindlichen kleinen Anhöhe, die aber eben so schnell zurück kamen, und wahrscheinlich die Ankunft der von Dywin kommen sollenden Colonne auskundschaftet hatten, indem zugleich unsere Vorposten von daher die Ankunft einer starken ruß. Colonne meldeten. Zur Deckung der Brester Straße waren bereits bei dem ersten Allarm 2 Canons und 1 Detachement v.Niesemeuschel auf den Seitenweg und 2 Kanons und 1 Detachement König auf die eigentliche Brester Straße aufgestellt; dem Rgt. Niesemeuschel war die Vertheidigung der großen Dywiner Straße, unterstützt von 2 Kanons und der Escadron Piesport überlaßen. Die Infanterie stand daher zum Theil in den rechts der Straße gelegenen Garten hinter deßen Zaune, zum Theil links der Straße im offenen Felde, die Artillerie auf der Straße, die Cavallerie vorwärts nach dem Helwigshof der mit unseren Schützen besetzt war.

Das Cavallerie Gefecht ward jetzt feindlicher Seits aufs neue angekämpft, es blieb jedoch sehr unentschieden, indem beide Theile durch mehrere Schwärm-Attaquen, kleine Terrain-vortheile gewannen und verloren, bis endlich nach 2 Kartät-schenschuß des Feindes, der Major v.Geka für rathsam hielt, sich von der Hauptstraße links ins Feld zu ziehen, ohne jedoch die Deckung derselben aus den Augen zu laßen. Indeß hatte die feindliche leichte Cavallerie aus Kosaken, Kalmücken und Baschkiren bestehend, Mittel gefunden, den Graben zu passiren, die übrige Cavallerie war in mehreren Colonnen durch den genannten Birkenwald gegangen und vor demselben aufmarschirt, hierauf unternahm die leichte Cavallerie gegen 200 Mann stark mit vielen Geschrei eine Attaque wurde aber durch einen mit vieler Entschloßenheit ausgeführten Choque der 1 Uhlanen Escadron mit Verlust zurück gewiesen, wobei die Uhlanen, der Mehrzahl des Feindes ohngeachtet, ihr Vertrauen auf ihre neue Waffe bewahrten und die größte Unerschrockenheit zeigten. Das Vorrücken der Unterstützung am Walde erlaubte den Unsern nicht, die geschlagene feindl.

Cavallerie weit zu verfolgen und die erlangten Vortheile zu benutzen, daher dieser ohnehin schwachen Escadron nichts übrig blieb, als sich schleunigst wieder zu sammeln, welches der Feind auch nicht hinderte, und sich unter den Schutz unserer Canons zurück zu ziehen. Nun begannen diese mit Nachdruck zu feuern, und hielten den Feind, obschon auch er Artillerie gegen uns hatte, ohne Nachtheil für uns, ziemlich en echeque, die vom Rgt. König vorgesandten Tirailleurs trugen nicht minder dazu bei, den Feind in seinen schnellen Vorrücken auf der Brester Straße abzuhalten, da sie der Bedienung seines Geschützes ernstlichen Abbruch thaten.

Obrist v.Göphardt ward jetzt mit 3 Comp. von König zur Vertheidigung dieses Postens aufgestellt.

Ein Rgt. Uhlanen Tataren, welches sich durch rothe Mützen in der Ferne sehr distingiurte, defilirte jetzt nach dem Helwigshof zu, und postirte sich hinter selbigen versteckt. 3 andere weit stärkere Cavallerie Colonnen rückten ohngefähr gegen 7 Uhr auf der großen Dywiner Straße an. Jetzt beschloß der Gen. v.Klengel und Obrist v.Zezschwitz, im Fall wir noch eine Retraite /:wozu nur jetzt der einzige Zeitpunkt gewesen sein würde:/ antreten, selbige nach Antropol zu nehmen, da soeben, als das Gefecht schon allgemein wurde, unsere bereits gestern auf dem Wege nach Lutziky abgesendete Equipage zurück kam, und den Weg dahin wegen der dort gänzlich zerbrochenen Brücke nicht hatte fortsetzen können; ihr blieb jetzt, so wie uns nur der einzige Weg nach Antropol offen, Obr. Brüllet aber war ganz gegen dieses Projekt Kobryn zu verlaßen, da er ganz fest auf Succurs rechnete. – Gegen 8 Uhr ward der Lt. v.Nostitz v.Niesemeuschel mit der mündlichen Meldung über unsern Angriff und die Lage unsrer Dinge ins Haupt Quartier nach Antopol gesandt. Nur mit wenig Worten war bereits schon früh beim ersten Angriff dem Haupt Quartier hiervon durch einen durchgehenden Husaren Unter-Officier Nachricht gegeben worden. – Major Bevilaqua ward mit 73 Rotten des Rgt.s König zur Deckung auf der Straße nach Antopol aufgestellt, kaum hatte er jedoch seinen Posten erreicht, als schon sehr starke Colonnen Cavallerie und Artillerie, welchen das weitere Andringen durch unser heftiges Kanonenfeuer vereitelt ward, sich von der großen Dywiner Straße nach dem Brülower Hof zogen und dadurch unsere linke Flanque bedrohten; auf der Dywiner Straße ließ der Feind nur kleine Abtheilungen. Gen. v.Klengel bestimmte 1 Comp. und 1 Canon von Niesemeuschel zur Unterhaltung der Communication zwischen den Majors Bevilaqua und v.Schlieben. Capitain v.Metzradt, der diese Comp. commandirte, wurde zwischen der Ziegelscheune und der Windmühle zu Vertheidigung dieses Terrains aufgestellt. – In dem nemlichen Zeitpunkt ließ der Rittmeister Mathai melden, daß der Feind bereits mit 6 Escad. und reitender Artillerie die Muchabitz oberhalb ihn paßirt habe, und jetzt auch uns vom jenseitigen Ufer Ufer bedrohe; derselbe mußte sich daher mit seiner Escad. in die Stadt ziehen, und ward, jedoch nur auf kurze Zeit, an den Kirchhof zur Deckung der dortigen Furth und der Antropoler Straße, aufgestellt. Die über die Muchabitz führende Zugbrücke an der Schanze wurde aufgezogen und mit 1 Comp. von König besetzt, 1 Comp. warf sich mit 1 Canon in die Schanze, ein anderes Detachement mit 1 Canon vertheidigte die hinter dem Kloster hereinkommenden Wege.

Die Colonne, welche sich der Antropoler Straße näherte und wahrscheinlich die Hauptmacht des Feindes enthält, traf jetzt auf dieser Straße ein, einzelne Kosaken fielen in unsere immer noch defilirende Equipage und Vivres Wagen ein; die dabei commandirten Lt. v.Zezschwitz und v.Brück sahen sich genöthigt, diese Wagen Preiß zu geben und zogen sich fechtend zurück und entgingen dadurch der augenblicklichen Gefangenschaft.

Die Cavallerie, welche sich dem Helwigshof genähert hatte, und durch die in denselben befindlichen Schützen von Niesemeuschel nicht länger mehr abgehalten werden konnte, auch 2mal durch die Esc. Piesport attaquirt und durch das Gehöft, welches sodann, um uns von dieser Seite zu decken, in Brand gesteckt ward, zurückgeworfen, doch auch sie konnte ihre Vortheile nicht benutzen, da der Feind hier, so wie auf allen anderen Punkten starke Soutiens hatte, welche dem Verfolgen stets Einhalt thaten. Bei der sich hier nähernden feindlichen Uibermacht an Cavallerie war nun nichts mehr zu thun, als sie durch verstecktes Infanterie Feuer von dem Eindringen in die Stadt abzuhalten.

Alle Hauptzugänge der Stadt waren jetzt mit feindlicher Cavallerie und Artillerie besetzt; sie hielt uns bis zur Ankunft ihrer Infanterie völlig umstellt. Obrist v.Zezschwitz versammelte, nachdem unsere Cavallerie, da sie im Freien nicht mehr effectuiren konnte, auf dem Markt zusammengezogen hatte, und die Vertheidigung der Stadt der Infanterie nun allein überlaßen werden mußte, sämmtliche Officiers und forderte ihre Meinung ab, ob es rathsam sei, sich durchzuschlagen und noch jetzt die Retraite nach Antropol anzutreten, oder hier die Vertheidigung fortzusetzen. So wenig wir auch für den letzten Fall von einem günstigen Erfolg überzeugt waren, so stimmten wir doch alle für selbigen, da nach den früher erhaltenen Ordres fast kein Zweifel übrig blieb, und allgemein glaubten wir Gen. Reynier habe nicht ohne Grund die jedesfallsige Vertheidigung Kobryns angeordnet. Es war daher an irgendeine Retraite nicht mehr zu denken, obschon die Hoffnung eines zu erhaltenden Entsatzes von dem 6 Meilen entfernten Corps ziemlich schwach war. – Jetzt galt es blos die Ehre unserer Waffen für die wir fochten, denn Tod oder Gefangenschaft war unser Los. –

Mehrmals versuchte die ruß. Cavallerie /:Dragoner:/ welche in Ermangelung der Infanterie zum Theil abgeseßen hatte und zu Fuß agirte, die Stadt vorzüglich von der Antropoler Straße her zu forciren; allein immer ward sie durch unsere in den Häusern, auf den Dächern u.s.w. versteckte Infanterie abgehalten. 3 Cavallerie Attaquen, als eine durch Uhlanen Tataren, eine durch Husaren und 1 durch Dragoner schlug der sich fechtend en quarrée zurückziehende Major Bevilaqua durch ein sehr zweckmäßig angebrachtes Feuer ab, und ward hierbei durch den ihm zur Deckung beigegebenen Lt. v.Pflugk mit 20 Pferden kräftig unterstützt. Merkwürdig war es, daß als der Major Bevilaqua dem Cartätschen und Jägerfeuer nicht länger widerstehen konnte, und er bei seinem langsamen Rückzuge die Lt.s v.Rohrscheidt und Tod mit kleinen Detachements in die nächst gelegenen Häuser warf, das diese Straße bestreichende Canon plötzlich von seiner ganzen Bedienung verlaßen wurde, als durch jene fast in einem Augenblick 4 Mann erschoßen wurden, schon waren beide Officiers bereit dieses Canon wegzunehmen, doch plötzlich auf sie sich werfende Jäger und Cavallerie vereitelte ihnen ihr Vorhaben.

Die jenseits der Muchabitz anrückende feindliche Cavallerie glaubte, theils sich unserm Feuer weniger zu exponiren, theils aber auch uns eine Retirade über Pruzanny oder Lutziky gänzlich zu vereiteln, wenn sie diese Vorstadt in Brand setze, und in kurzem loderten die sämmtlichen aus Holz und Stroh zusammengesetzten Hütten in die Höhe. Gegen 9 Uhr früh war die feindliche Infanterie eingetroffen, und die Force derselben vorzüglich auf der Antropoler Straße. Uiberall drang der Feind mit Macht ein, und überall ward er mit gleichem Muth abgehalten; schaarenweise flohen nun die unglücklichen Bewohner Kobryns den Ort, da mehrere Häuser bereits durch Grenaden in Brand gesetzt worden waren, - das einzige Mittel, um unsere Tirailleurs daraus zu vertreiben, denn jedes Haus ward jetzt zu einer kleinen Festung, die mit Kellern erhielten schon einen höheren Rang. – Alles griff nun zu den Waffen Chirurgen, Tambours und Offiziers-Pursche, um die Zahl der Combattanten zu vermehren und für seine Existenz zu fechten; sie wirkten nach Kräften mit, denn 1 Chirurg streckte allein 5 Mann zu Boden.

Gegen 11 Uhr stand der größte Theil der äußern Stadt in Brand, und hatte dem Feind überlaßen werden müßen, immer mehr und mehr griffen die Flammen um sich; dieses sowohl, als der Kugelregen, den wir hier empfanden, war mörderisch, selten kann wohl ein an und für sich offener Ort, in dem vielleicht an 60 Ausgänge waren, mit größerer Bravour vertheidigt werden, als Kobryn, denn in Ausdauer der Gefahr suchten hier unsere Leute Beispiele, auch in keinem einzigen war der mindeste Kleinmuth zu spühren; alle waren von dem ihnen bevorstehenden Schicksal völlig überzeugt, und durch ein lautes Vivat rufend forderten sie sich untereinander zu noch größerer Standhaftigkeit auf, als sich fälschlicherweise die Nachricht von der Ankunft der Brigade Sahr verbreitete. – Ein ruß. Infanterie Rgt. machte den Versuch sich innerhalb der Stadt einer kleinen von Antropol kommenden Brücke zu nähern und sie zu nehmen, allein auch dieses wird durch Hülfe der auf der Schanze stehenden Canons von den Infanterie glücklich abgewiesen. Obrist v.Zezschwitz wollte noch jetzt einen Versuch machen, sich mit der ziemlich schwachen Cavallerie durchzuhauen, und auf der Straße nach Pruzanny zurück zu ziehen; allein kaum hatte er die jenseits der Brücke liegende Vorstadt paßirt, so ward er von der Ohnmöglichkeit durchzukommen überzeugt, denn 12 Escad. Cavallerie und reitende Artillerie hatten in seiner Front und rechten Flanque bereit gestanden, ihn zu empfangen. Es sollten daher, als er zurück kam, sämmtliche Uhlanenpferde gekoppelt in den Klosterhof gestellt, und die Mannschaften, um sie nicht unnöthig zu exponiren, ins Kloster gebracht werden. Kein Befehl war jedoch im Stande, diese Braven hierzu zu vermögen, immer noch glaubten sie aufs neue Gelegenheit zu erhalten, ihr Vertrauen auf ihre Waffe zu bewähren, umsonst aber war aller Hoffnung! – Die immer mehr und mehr um sich greifenden Flammen nöthigten uns endlich unsere Vertheidigung blos auf die beiden Punkte – die Schanze und das Kloster – zu beschränken, alles zog sich daher auf selbige zurück. Major v.Schlieben hatte noch unter dem heftigsten Feuer das Rgt. Niesemeuschel auf dem Markt en colonne formirt, und brachte es, als er selbst schon einen bedeutenden Schuß vor den Kopf erhalten, in der größten Ordnung mit klingendem Spiel in die Schanze. – Von allen Seiten her ward der allgemeine Mangel an Munition und die immer mehr und mehr zunehmende ankommende feindliche Artillerie und

Infanterie gemeldet; der größte Theil der Infanterie hatte keinen und die Artillerie nur noch pr. Piece 1 höchstens 2 Schuß, welche uns in der Nähe, in der sich der Feind jetzt befand, nicht viel mehr helfen konnten.

NB. Oberst Brüllet sagte, als alle Mittel zur Rettung verlohren waren: „Eh bien, c'est la cinquieme fois, que je suis fait prisonnier de guerre." Mit einem bewundernswürdigen Gleichmuth ertrug dieser Mann sein Schicksal.

Nachmittags 2 Uhr, wo, nach einem länger als 8stündigen Gefecht, in dem noch nicht 2300 Mann mit 8 Piecen, einen mehr als 6mal stärkeren Feind mit 20 Piecen Widerstand geleistet hatten, sich alles überzeugte, daß keine Rettung mehr sei, ward beschloßen, durch einen abzusendenden Parlamentaire, wozu Lt. v.Heintz bestimmt ward, vom Feind die Capitulation zu verlangen; allein er, der nachdem er mit vielen Gefahren auf der großen Dywiner die feindlichen Trupps paßirt hatte, zum General Markof gebracht worden, erhielt von ihm die Antwort, an eine Capitulation sei jetzt nicht mehr zu denken, uns bleibe nichts übrig, als uns auf Discretion zu ergeben; ehe wir aber diese Antwort zurück empfingen und kaum Chamade, auf die Niemand hören wollte, geschlagen worden war, drangen auch schon die ruß. Jäger und Infanteristen in die Schanze und in den Klosterhof ein; in kurzem waren wir von einer enormen Menge Infanterie, Artillerie und Cavallerie, unter denen sich Dragoner, Husaren, Kosaken, Kalmücken und Paschkiren befanden, umgeben; Waffen aller Art hatten wir gegen uns gehabt, Lanzen, Bogen und Pfeile. – Unbegreiflich ward uns, daß unsere Feinde die uns zwar jetzt keinen längeren Widerstand leisten sahen , uns jedoch mit den Waffen in der Hand fanden, nun nicht ihre volle Wuth an uns ausließen; allein zum Ruhm dieser wilden Nationen sei es gesagt, sie benahmen sich gegen uns muster- haft. Verzweifelten gleich warfen jetzt unsere Leute ihre Waffen weg, doch sie wurden beruhigter, als sie die ungeheure Menge sahen, der sie beinahe 9 Stunden hindurch widerstanden hatten. Denen sich ereignenden Plünderungen ward bald durch die Officiers, und die jetzt ankommenden Generals Markof, Lambert und Oldekop Einhalt gethan. Unsere Leute wurden in der Kirche des Klosters, sämmtliche Officiers aber in der dabei gelegenen kleinen Kapelle gesammelt, nur wenige von uns, welche sich aus dieser Kapelle gewagt hatten, wurden geplündert, und ihnen die Säbel abgenommen.

General Markof versprach sämmtlichen Officiers die Beibehaltung ihrer Degen, Pferde und Equipage, mehrere ruß. Officiers nahmen uns, in der Absicht, daß wir unsere Pferde und Equipage aufsuchen sollten, in ihren Schutz, mir selbst leistete ein Adjutant in dieser Absicht gegen manche Insulte kräftigen Beistand, obschon ich hierdurch weder etwas von meinen Pferden noch von meiner Equipage wiedersah, denn die Kosaken waren bereits bemüht gewesen, meinen und aller Diener leicht zu machen. Ich empfand eher den Schmerz, meinen Fuchs, der mir an dem heutigen Tage noch so ungemeine Dienste geleistet hatte, abführen zu sehen nicht, da er schon so wie meine übrigen 2 Pferde und sämmtl. Equipage weg war. Endlich führte man uns, vielleicht nach 3 Uhr, durch die brennende Stadt, deren Straßen mit Leichnamen besät waren, nach der großen Dywiner Straße, wir wurden hier von der Wirksamkeit unseres Feuers überzeugt, denn in keinem Verhältniß stand unser Verlust zu dem der Rußen. – sie gaben ihn zwar nur 170 Mann an! Doch ist gewiß, daß sie nach dieser Affaire 600 Bleßirte in ihre rückwärts liegenden Lazarethe schafften.

Kurz vor unseren Eintreffen in dem Brülower Hof, woselbst das ruß. Hauptquartier war, nahm man uns, die wir unsere Säbel und Degen behalten hatten, diese ab und legte sie, uns Hoffnung machend sie wieder zu erhalten, auf eine unserer Kanonen, welche man uns hinterherfuhr. Jetzt sank mein Muth, den ich bisher immer noch möglich zu erhalten wußte; mit Abgabe meiner Waffe fühlte ich erst das schreckliche unserer Lage; mit Freuden hätte ich mich gern jeder Plünderung und Mißhandlung Preiß geben wollen, wenn ich dadurch das Gefühl dieses Augenblicks hätte vergeßen machen können; diese Sirene war mir in meiner militairischen Laufbahn noch nicht vorgekommen. –

Mit Verachtung hörten wir die großsprecherischen Reden eines Oberst Knorrig, der uns während des Weges erzählte er habe ehedem in preuß. Diensten gestanden, sei aber jetzt als Commandeur des Uhlanen Tataren Regt.s angestellt, und habe mit seinem Rgt. bereits schon mehrere Coups ausgeführt, unter andern habe er erst vor wenig Tagen den Rittmstr. Heymann in Brest gefangen gemacht. So angenehm er sich uns auch dadurch machte, uns die erste Nachricht von Heymanns Leben zu geben, und daß er ihm sein Leben erhalten habe, da jener schon den augenblicklichen Tod durch die auf ihn gezückten Lanzen entgegengesehen habe, so fatal machte er sich uns aber auch wieder, als er anfing uns Vorwürfe zu machen, daß wir gegen die ruß. Armee fochten, die nur die Absicht habe, uns Deutsche, die wir unter den franz. Fahnen schmachteten, unsere vorherige Freiheit wieder zu verschaffen. –

Endlich brachte man uns nach dem Brülower Hof, nachdem wir eine große Detour durch sämmtliche ruß. Bivouacs hatten machen müßen, wahrscheinlich um uns den ruß. Truppen zu zeigen, und sie durch die Lorbeeren dieses Siegs zu neuen Thaten anzufeuern. Hierbei überzeugten wir uns völlig von der Uiberlegenheit der Streitkräfte unseres Feindes und daß selbst dann, wenn auch ein oder 2 Brigaden unseres Corps als Souccurs zu uns gestoßen wären, wir dem ohngeachtet als der schwächere Theil hätten unterliegen müßen, indem das ganze Tormanzowsche und Kamenskoysche Corps gegen 25000 Mann stark au bivouac stand. Alles Truppen, wie man sie nur schön sehen kann.

Uns hatte man der Vertheidigung Kobryns nach allgemein 7000 Mann stark gehalten, obschon wir nur 2360 waren; als daher später die Rgt.er gezählt wurden, wollte man durchaus nicht glauben, daß dieses kleine Häufchen allein, sich so lange habe halten können, es ließ uns nun selbst der Feind alle

Gerechtigkeit wiederfahren, wofür beifolgendes Bülletin, welches ich später aus der Petersburger Zeitung in Abschrift genommen, den sprechenden Beweiß liefert.

Beilage
zu der St. Petersburger Zeitung Nro. 61
Dienstag den 30n Julius 1812

Offizielle Kriegsnachrichten

Sr. Kaiserl. Majestät berichtet der General der Cavallerie Tormaßow vom 16n Julius 1812 aus der Stadt Kobryn folgendes:

Ich habe das Glück Ew. Kaiserl. Majestät allunterthänigst zu der vollkommenen Niederlage und zu der Gefangennehmung des ganzen Detaschements sächs. Truppen, am 15. Jul., wo welches die Stadt Kobryn besetzt hielt, und selbige mit der größten Hartnäckigkeit neun Stunden vertheidigt hat, Glück zu wünschen. Die Trophäen dieses Siegs sind 4 Fahnen, 8 Kanonen und eine große Anzahl unterschiedlicher Waffen, gefangen genommen sind der Generalmajor v.Klengel, welcher dieß Detaschement befehligte, 3 Obersten, 6 Staabsoffiziers, 57 Oberoffiziers, 2234 Unteroffiziers und Gemeine; getödtet sind auf dem Platze über 1000 Mann; auf unserer Seite ist der Verlust nicht sehr beträchtlich. Das sächs. Corps unter den Befehle des französischen Feldmarschall Reynier marschirt von Slonim zur Abwechslung des hier gewesenen österreichischen Corps; und Fürst von Schwarzenberg geht über Slutzk nach Minsk. Indem ich die 4 feindlichen Fahnen, mit meinem Adjutanten, dem Garde Lieutenant Bibikow Ew. Kaiserl. Majestät zu Füßen lege, werde ich unverzüglich das Glück haben, den umständlichen Bericht über diese dem Feind glücklich beigebrachte Niederlage und über die weiteren Bewegungen der mit Allergnädigst anvertrauten Truppen einzusenden.

Bei unserer Ankunft im ruß. Hauptquartier Abends gegen 6 Uhr trafen wir die Generals Kamienskoy, Lambert, Fürst Gerbatow, Insow, Oldekop etc., von erstern einen jungen sehr artigen geistvoll scheinenden Mann wurden wir zuerst empfangen; Freude war auf seinen, so wie auf aller Gesicht gemahlt. - Nach Verlauf einer halben Stunde wurden wir dem commandirenden General General Lieut. Tormassow vorgestellt, er sprach sehr gut deutsch bezeugte seinen großen Beifall über unsere lange Vertheidigung, und befahl uns, unsere Säbel und Degen, welche alle bei ihm schon aufgestellt waren, wieder zu nehmen, mit den Worten: <u>Offiziers einer Truppe, welche sich so wie Sie vertheidigt hat, verdienen diese Auszeichnung.</u>- Er entließ uns mit den schönsten Hoffnungen für die Zukunft, wenn man anders jetzt Hoffnungen schön nennen kann. In seiner Suite trafen wir mehrere deutsche Officiers, unter andern auch den ehemals im Rgt. v.Low gestandenen Lt. v.Francois, der jetzt seiner Anstellung in ruß. Diensten entgegensah. Er so wie die übrigen bewiesen sich gegen uns sehr cameradschaftlich; vorzüglich nahm sich der Adjutant des Gen. Tormaßow Garde Lieutenant Bibikow unser aller, vorzüglich aber unserer bleßirten Offiziers und Mannschaften an, nur ihm verdankten wir ein wenig Brod und Branntwein, das Einzige, was wir als Verpflegung für den heutigen Tag hier zu erhalten im Stande waren, denn das Hauptquartier litt, da sich nur 1 einziger Brunnen hier befand sogar an Trinkwaßer den größten Mangel; Ganz als das Gegentheil der Bereitwilligkeit zeigte sich uns ein Lieut. Müller, welcher als Offizier beim Rgt. v.Zastrow gestanden und jetzt als Lt. im Uhlanen Tataren Regt. angestellt war, er verleugnete nicht nur gänzlich seine alten Bekanntnen, die er unter uns fand, sondern machte auch durch sein Benehmen uns als Landsmann wenig Ehre; keineswegs wollte er eingestehen, daß er der sei, der früher im Rgt. Zastrow gedient habe, alle wollte er überreden ehedem bei unserer Cuiraßirgarde gestanden zu haben.

Während wir nun noch mit dem Schicksal kämpften und uns in selbiges noch nicht recht fügen konnten, ereignete sich für uns eine Sirene der Freude. Man hatte nämlich in dem Taumel der Freude über unsere Gefangennehmung nicht daran gedacht, daß wir Fahnen bei uns gehabt. Unsere hohen Obern hatten früher als wir dem Augenblick unserer Uibergabe entgegensahen, nicht darein willigen wollen, sie entweder gänzlich zu vernichten, oder wenigstens von der Stange abzureißen und das Tuch zu verbergen; sie wurden daher, um sie vielleicht doch noch den Händen des Feindes zu entreißen, ganz zuletzt in der Hoffnung, daß die Flammen auch das Kloster erreichen werden, in der Kirche hinter dem Altar versteckt. Plötzlich sahen wir auf dem Brülower Hof einen Zusammenlauf, als ein Kosak eine Kirchenfahne brachte, welche er zufällig bei Plünderung der Kirche gefunden hatte. Allgemein hielt man sie für eine erbeutete sächs. Fahne und empfing sie deshalb mit vielen Pomp. – Die Feude daß unser Projekt doch wohl gelungen sei, ließ uns unseren Spott hierüber vielleicht nicht vorsichtig genug verbergen; denn die Kirchenfahne ward eiligst den Händen der Geweihten zurückgegeben; hierdurch aber war man auf die Idee gekommen, die unseren zu suchen, die man bis dahin, obschon die Kirche nicht abgebrannt war, nicht gefunden hatte.

Den Offiziers ward es erlaubt unsere Purschen bei uns zu behalten.

Von Hunger, Fatique und Schmerz ergriffen, warfen wir uns, nachdem wir für den heutigen Tag eine wahre Mustercharte aller asiatischen und ruß. Völker, welche zu dem großen Kriegsspiel Europa aus den entferntesten Ländern herbeigeeilt waren, gesehen hatten, auf die Dielen zweier uns angewiesener Stuben und schlummerten ein, plötzlich weckte uns eine sehr hübsche Janitscharen Musik – der Zapfenstreich des sehr schönen Regiments   welches im ruß. Haupt Quartier die Wacht hatte; jeder Unteroffizier und Gemeine dieses Regt.s hatte in der verfloßenen türkischen Campagne bei dem Sturm von Pasartzuk eine Verdienstmedaille erhalten, auf der der Tag des Sturms vermerkt war.

NB. Jeder Offizier trug ein kleines goldenes Kreuz auf welchen ebenfalls die Inscription die gleiche war. Dergl. Auszeichnungen finden bei der ruß. Armee sehr häufig für ganze Corps statt. Nach Versicherung der Offiziere jedenfalls geben sie aber gewöhnlich nicht grade die besten, sondern die schönsten Leute zu Decoration in Vortrag.

Viele Soldaten dieses Rgt.s hatte 3 4 und 5 Medaillen, nachdem sie mehreren Stürmen und Schlachten beigewohnt hatten. – Wie machte militairische Musik einen traurigen Eindruck auf mich, als diese, herzlich froh war ich daher, als ich des sehr schlechten Lagers auf den Dielen ohngeachtet wieder einschlafen konnte. – Noch aber war mir keine Ruhe bestimmt, denn vielleicht nach 10 Uhr Abends weckte mich ein Adjutant /:Capt. Malin vom Alexandrischen Husaren Rgt.:/ des Generals Kamienskoy – warum er gerade mich aufs Korn genommen hatte da ich ihm keineswegs protée lag, kann ich nicht errathen – er invidirte mich mit ihm auf den Hof zu kommen, und hier sollte ich ihm durchaus sagen, wo unsere Fahnen wären. Als ich mich mit der Unwißenheit entschuldigte, wurde er anzüglich, ich auch und wahr-scheinlich würde ich nicht sogleich meinen verlaßenen Platz auf den Dielen haben einnehmen können, wenn nicht die noch in Menge herumstehenden ruß. Soldaten mir Gelegenheit dargeboten hätten, mich seinen ferneren Zumuthungen zu entziehen. Dieses war das Finale des für uns so glorieusen und doch so unglücklichen 27. Julius, an dem wir jeden unserer gefallenen Brüder, welcher das Ende des heutigen Tages nicht erlebte, und seinen Tod auf dem Schlachtfeld fand, glücklich prießen.

Der Feind war von unserer Schwäche so wie von der Ohnmöglichkeit des Eintreffens eines zu erhaltenden Souccurs genau informirt gewesen, er hatte nicht den Widerstand erwartet, den er fand, daher dann blos einer 4000 Mann starken Avantgarde des Lambertschen Corps, welches sich von Dywin aus von der Hauptarmee des Gen. Tormaßow getrennt und über Brest nach Kobryn zu dirigirt hatte, die Bestimmung ertheilt worden war, uns wo möglich aufzureiben. Die Aufgabe war jedoch zu problematisch geworden, man hatte daher nicht nur die Ankunft seines Gros sondern auch die des ganzen Tormaßowschen Corps abgewartet und uns bis dahin völlig umstellt gehalten.

Der lange Widerstand bei so ungleichen Streitkräften hatte endlich den Feind in seinen erlangten Nachrichten über unsere Stärke zweifelnd gemacht und er uns 7000 Mann geachtet.

Beinahe 9 Stunden hatten wir einen 10mal stärkeren Feind Widerstand geleistet, und würden selbst dann noch, als schon gänzlicher Mangel an Munition allgemein ward, uns keineswegs zu Gefangenen ergeben haben, wenn durch eine völlige Masacre, die unvermeidlich war, etwas hätte ausgerichtet werden können. Ewig schade war es, daß der schöne Geist, welcher unsere Soldaten bis auf den letzten Moment beseelte, durch keinen günstigeren Erfolg belohnt wurde.

Bei dieser langen und hitzigen Vertheidigung, bei dem mörderischen Feuer aller Waffen, hatten wir es uns den vielen Deckungsmitteln und dem schlechten Feuer von der ruß. Artillerie zu verdanken, daß der Uiberlegenheit des Feindes ohngeachtet, unser Verlust so unbedeutend war. Nur wenige der ruß. Grenaden sprangen, fast alle crepirten. Durch Kanonenkugeln hatten wir, da alle zu hoch gingen, nicht einen Bleßirten /:nur 1 demontirte Kanone und v.Glowacki und deßen Pferd todt, waren die einzigen wirksamen Kanonenschuß des Feindes:/ fast alle durch Flintenkugel; die, die ihre Bleßuren durch die Pfeile der Kalmücken und Paschkiren, oder durch Lanzen erhielten, waren am leichtesten weg.

Folgendes dient sowohl zur Uibersicht des feindlichen Verlustes der Brigade, als auch um den Bestand derselben vor und nach der Affaire zu ersehen.

Regimenter und Partheien	Geblieben		Bleßirt		Gefangen				Combattanten nach d.Affaire	
					Combatt.		Nichtcomb.			
	Offz.	U/M	Offz.	U/M	Offz.	U/M	Offz.	U/M	Offz.	U/M
Gen.stab	-	-	-	-	-	-	-	2	7	-
Uhlanen	-	36	4	35	18	285	1	18	18	321
König	-	20	4	39	24	999	1	56	24	1019
Niesemeu.	-	45	4	64	22	852	1	54	22	897
Artillerie	-	7	1	14	2	116	-	-	2	123

<u>Bleßirte Offiziere waren:</u>
<u>Uhlanen:</u> Rtm. Gottschalk; Lt. v.Brück, v.Ludwiger, v. Hagke
<u>König:</u> Mj. Bevilaqua; Lt. Hille, v.Rechenberg, Becker
<u>Niesemeuschel:</u> Mj. v.Schlieben; Lt. v.Dallwitz, Richter, v.Brandenstein
<u>Artillerie:</u> Lt. Kaiser

<u>Anmerk.</u> Serg. Neumann vom Rgt. Niesemeuschel ward unter der Zahl der Todten auf dem Platz gelaßen, aber hinterher von den Rußen als schwer Bleßirter in ein Lazareth gebracht worden. Es ist sicher, daß nach der Affaire bei Kobryn 800 Bleßirte in das Lazareth gebracht und nach der Affaire bei Podobna für 2000 Mann Bleßirte Lazareth-Bedürniße getroffen worden waren. Vor Kobryn gaben die Rußen ihren Verlust auf 75 Mann an.

ଓ ☆ ଓ

Beilage A

eing. den 26.July Nachmittags
Bezdesch am 26.Juli 1812

Soeben erhalte ich Ew. Depesche, welche Sie mir durch den Lt. v.Gößnitz übersendet haben. Zu mehrerer Sicherheit wiederhole ich Ihnen hier, was ich bereits gestern durch einen Unterofficier des Rgt.s Niesemeuschel abgeschickt. –

Unsere Avantgarde hat heute den 25. Affaire mit den Rußen gehabt u. sie mit einigem Verlust aus Janowa vertrieben. Das ganze Corps bricht morgen dahin auf u. wird alles was dießseits der Pina stehet angreifen u. über diesen Fluß zurück werfen. Wahrscheinlich werden wir dann den 27n bis Antopol u. den 28n bis Kobryn marschiren. Ew. sollen bis dahin den Posten bei Kobryn auf jeden Fall behaupten, die Communication u. auf jede Weise die mit dem Rgt. König erhalten, welches wieder seine besondere Aufmerksamkeit auf die Straßen, welche von Brest nach Pruzanny führen, haben muß. Ihre ganze Brigade ist daher bestimmt, Pruszanny zu decken, den Posten von Kobryn u. wenn das Rgt. König Brest hat wieder besetzen können, auch diesen zu halten, die Communication zwischen uns u. Kobryn zu sichern, durch starke Recognoszirungen vorwärts aber – jedoch ohne die Truppen zu compromittiren – Nachrichten vom Feind einzuziehen. Dieselben sollen hierzu alle u. jede Gelegenheit benutzen. Zur Erlangung aller dieser Zwecke soll ich Ihnen übrigens die höchste Vorsicht u. Wachsamkeit empfehlen.
Endlich ersuche ich Ew. dem Brigade Adjutant v.Brause bekannt zu machen, daß ich seinen Rapport richtig erhalten habe, seinen Vorsaz billige u. daß er mich in Kobryn erwarten soll.
P.S. Soeben trifft der Lt. Dalwich hier ein u. überbringt Ew. Schreiben zu höchster Verwunderung des Gen. Reynier aber nicht ein Wort von der Affaire des Rittmstr. Heymanns. Ich bitte dieselben dringend uns hierüber morgen durch einen Offizier Nachricht zu geben, der über Chomsk gehen muß u. uns jenseits Janowa treffen wird.

Ich ersuche dieselben ferner dem Sächs. Commandanten in Pruszanny den Befehl zu ertheilen, daß er keinen Transport, vorzügl. aber nicht den Geldtransport ohne ferneren Befehl von Pruszanny abgehen lässt. Den Oberst v.Zezschwitz, bitte ich ergebenst, gegenwärtiges Schreiben mitzutheilen.
Die Depesche, welche mir Ew. durch den Lt. v.Gössnitz schicken habe ich dem General en Chef vorgetragen. Er befiehlt mir Ihnen das zu wiederholen, was ich Ihnen in obigem Schreiben sage, nochmals aber die Deckung der Straßen von Brest nach Pruszanny zu empfehlen – daß der Posten von Kobryn bis zu unserer Ankunft gehalten werden muß, versteht sich von selbst. – Ob Sie, wie der General Reynier wünscht das Ganze oder einen Theil des Rgt.s König zur Deckung der Straßen von Brest nach Pruszanny versenden können, ohne Ihren Posten u. das Rgt. König selbst zu compromittiren, muß Ihrem Ermessen anheim gestellt werden. Cavallerie können wir Ihnen von hier aus nicht senden, da wir selbst heute mit dem Feind engagirt sind.

Ihre meldungen bitte ich doppelt einmal über Chomsk und Jannow, das anderemal direkt auf Antopol zu senden, wo wir auf jeden Fall morgen sein werden, die letztern müssen Sie so einrichten, dass sie uns nicht compromittiren, wenn der Uibebringer unvorsichtig genug wäre, sich durch herumschweifende feindliche Partheien fangen zu laßen. Dem Sächs, Commandanten in Pruszanny bitte ich sofort den Befehl zu ertheilen, daß er alle Equipagen, vorzügl. die Geldwagen angespannt behält, um auf den erste Nachricht von Ihnen sich zurück ziehen zu können.

Der Chef des Generalstabes
Oberst v.Langenau

An
den Herrn Generalmajor
   von Klengel
    Hochwohlgebr.

Beilage B

Eing. Den 27: früh 4 Uhr
Drohiszyn den 26. Juky 1812

Ich habe zwar dem Lt. v.Nostitz bereits aufgegeben Ew. zu benachrichtigen, daß das Corps heute bis Drohiszyn marschirt ist, ich halte es jedoch für nothwendig Sie durch den Uiberbringer dieses nochmals davon zu benachrichtigen. Haben Sie Güte ihm soviel Nachrichten als Sie vom Feinde erhalten haben, sowie die von Ew. getroffenen Maßregeln mitzutheilen. Sie sollten stets darauf aufmerksam sein, ob der Feind, wie der General Reynier vermuthet, vielleicht Brest wieder verlaßen hat u. es auf diesen Fall sofort wieder besetzen laßen.
Wir marschiren morgen nach Antopol u. werden wahrscheinlich auch Horodetz besetzen. Haben Sie die Güte dem Commandanten in Pruszanny den Aufenthaltsort des Hauptquartiers bekannt zu machen. Wenn es die Umstände nothwendig machen, müßen die Kriegs-Caße u. die übrigen Convoys, welche sich in Pruszanny befinden, sich nach Kartuzka berinza zurück ziehen, wo unser Art. Park steht.

Schicken Sie uns ja so fleißig Nachrichten als Sie können.

Der Chef des Generalstabes
Oberst v.Langenau

    An
den Herrn Generalmajor v.Klengel
  Hochwohlgebr.

Beilage C

Kiew, den 23. Januar 1813

Regt.u.Detachem.	Lebende	Verstorb.	Geblieben	Vermißt	Ranzionirt	Summa
Rgt. Uhlanen	169	157	12	25	3	366
König Infant.	533	491	35	3	12	1074
Niesemeuschel	434	429	38	26	21	948
Artillerie	39	46	4			89
Train	14	18	3		1	36
Husaren	20	30				50
Polenz Chev.leg.	24	60				84
Gren.Bat. Brause	11	12				23
Anger	1	1				2
Spiegel		3				3
Rgt. Anton Inf.	2	3				5
Rgt. Clemens Inf.	3	5				8
Rgt. Friedrich Inf.	2	5				7
Rgt. Max Inf.	1					1
1.leichtes Inf.Rgt.	6	8				14
2.leichtes Inf.Rgt.	6	2				8
Bäckerey	3	3				6
Summa	1268	1273	92	54	37	2724

Namentliches Verzeichniß

sämmtlicher in Kiew befindlichen Kriegsgefangenen Königl. Sächs. Officiers

General Staab   General Major v.Klengel
Maj. u. Chef des Gen. St. Stünzner
Brig. Adj. Pr.Lt. v.Brause v.2.leichten Inf.Rgt.
Brig. Adj. S.Lt. v.Heintz v.Rgt. Rechten
Brig. Adj. S.Lt. Aster v.Rgt. Pr. Max

<u>Rgt. Uhlanen</u>

Obr.	v.Zezschwitz	Pr.Lt.	v.Ludwiger
Maj.	v.Geka	S.Lt.	v.Engel
Rmstr.	v.Mathai † in Bialystok		v.Pflugk
	v.Heynemann		v.Salza
	v.Gottschalk		v.Einsiedel
	v.Baumann		v.Hagke
	v.Hann		v.Kracht
Pr.Lt. und Adj.	v.Einsiedel		v.Brück
	v.Bärenstein		v.Oppel
	v.Feilitzsch	Rgt.s-Chir.	Kretzschmar

<u>Rgt. König Inf.</u>

Obr.	v.Göphardt	Pr.Lt.	v.d.Planitz 2
Maj.	v.Wolframsdorf	S.Lt.	v.Bünau
	Bevilaqua		Allmer
Cap.	v.Bünau		v.Rokhausen
	v.Gersdorf		v.Lecoq † in Sandomirz
	v.Ottenfeld		v.Rohrscheidt
Pr.Lt. u. Adj.	v.Beker		v.Rechenberg
	v.Bünau		v.Zeschau
	v.Kloppmann		Tod
	v.d.Planitz 1		v.Neitschütz
	v.Röden		v.Lischke
	v.Einsiedel	Rgt.s-Chir.	Wehrmann
	v.Hille	Art.Pr.Lt.	Kaiser † in Kiew

<u>Rgt. v.Niesemeuschel</u>

Maj.	v.Schlieben	Pr.Lt.	v.Linsingen
Capit.	v.Bose	S.Lt.	v.Schwarzbach
	v.Metzradt † in Kiew		v.Dallwitz 2
	v.Brochowsky		v.Brandenstein
	v.Dallwitz		Buschbek
	v.Glaser † in Kiew		v.Zezschwitz
Pr.Lt. u. Adj.	Zimmermann		Allmer 2
Pr.Lt. u. Adj.	v.Sahr		Richter
	v.Low		v.Polenz
	v.Elterlein		v.Tettenborn

noch Rgt. v.Niesemeuschel
S.Lt.   v.Schick   Art. S.Lt.   v.Glowacki
Rgt.s Chir.   Georgi

Ingenieur Pr.Lt. Erhardt

Alle in Gefangenschaft gerathen den 27. July 1812 bei Kobryn

Rgt.Husaren
Maj.   v.Czettritz   Pr.Lt.   v.Schirnding
gefangen bei Lutzk den 21. Sept. 1812
S.Lt.   v. Mangold
gefangen bei Lutzk den 7. Sept. 1812

Ingenieur-Corps
Capt.   Geise
gefangen bei Lutzk den 7. Sept. 1812

Polenz-Chev. leg.
Capt.   v.Krug 2
gefangen bei Lutzk den 21. Sept. 1812
Capt.   v.Krug 3   Pr.Lt.   v.Willisen
gefangen bei Pruszanny den 30. July 1812
Capt.   Ullrich   Pr.Lt.   v.Rüxleben
gefangen bei Podobna den 2. Aug. 1812

1.leichtes Inf. Rgt.
S.Lt.   v.Heineken
gefangen auf dem Marsch von Lutzk

2.leichtes Inf. Rgt.
Capt.   v.Lindemann
gefangen bei Podobna den 2. Aug. 1812

Quellen

Aster	Tagebücher von Friedrich Ernst Aster aus dem Jahr 1812 aus dem Familienarchiv Ernst-Ludwig v.Aster
Bilder	Friedrich Ernst Aster als Generalmajor (Abb. 02) Grabplatte mit der Inschrift für Friedrich Ernst Aster (Abb. 08) aus dem Familienarchiv Ernst-Ludwig v.Aster
Karte	A new map of the Kingdom of Poland - London 1787 (Abb. 05 – 07)
Karte	Hohe Heer Straße durch das Churfürstenthum Sachsen – Reichenbach 1728 (Abb. 03 + 04)

Stamm- und Rangliste der Kön: Sächsischen Armee auf das Jahr 1812 – Dresden 1812

Stamm- und Rangliste der Kön: Sächsischen Armee auf das Jahr 1813 – Dresden 1813

Titze	1812 – Die Sachsen in Rußland – Norderstedt 2012

Als Lektüre zum Feldzug der Sachsen 1812 und speziell zum Gefecht bei Kobryn seien empfohlen:

Cerrini	Die Feldzüge der Sachsen in den Jahren 1812 und 1813 – Dresden 1821
Becker	Bericht über die königlich sächsischen Infanterie-Brigade von Klengel und drei Escadrons des Uhlanen-Regiments Prinz Clemens …/ in Kriegsgeschichtliche und kriegswissenschaftliche Monographien (Erster und Zwiter Band) – Leipzig und Altenburg 1817/1818

Abb. 08 Grabplatte mit der Inschrift für Friedrich Ernst Aster auf der Grabanlage der Familie v.Aster auf dem Inneren Neustädter Friedhof in Dresden-Neustadt

<u>In der Reihe:</u>

Beiträge zur sächsischen Militärgeschichte zwischen 1793 und 1813

<u>sind bisher erschienen:</u>

Für weitere Informationen:

www.oberst-lieutenants-compagnie.de